KB244085

1969-2025:
혁신을 이끈 41명의 경제학자들

최소한의 노벨 경제학상

일상의 질문이 노벨 경제학상이 되기까지

김나영 지음

가나

세상의 모든 물음표가 경제학이 되는 순간

다이어트 약, AI 버블론 그리고 모기장

우리는 매일 수많은 뉴스와 마주하며 무심코 질문을 던집니다. 가령 최근 전 세계를 강타한 비만 치료제 열풍을 보며 이런 생각을 해 보신 적 없나요?

"왜 갑자기 지금, 이토록 많은 다이어트 신약이 쏟아져 나오는 걸까?"

단순히 의학 기술이 발전해서일까요? 경제학자의 눈으로 보면 답은 조금 다릅니다. 이 현상의 이면에는 '경제 성장을 이끄는 핵심 요소는 노동이나 자본이 아니라 아이디어와 지식'이라는 통찰이 숨어 있습니다. 제약사의 혁신적인 아이디어가 지적 재산권으로 보호받고, 이것이 거대한 시장 가치를 창출하며 다시 새로운 투자를 이끌어 내는 과정. 이는 노벨 경제학상을 받은 폴 로머의 '내생적 성장 이론'이 현실에서 작동하는 가장 생생한 증거입니다.

질문은 꼬리에 꼬리를 뭅니다. 챗GPT의 등장 이후 주식 시장은 온통 AI 이야기뿐입니다. 사람들은 불안해합니다.

"이거 닷컴 버블처럼 꺼지는 거 아니야? 지금이 거품인지 아닌지 알 수 있는 방법은 없을까?"

이 막막한 질문에 답하기 위해 평생 동안 자산 가격의 흐름을 연구한 사람이 있습니다. 로버트 실러 교수는 인간의 비이성적 과열을 경계하며, 시장의 거품을 측정할 수 있는 지표인 'CAPE경기조정주가수익비율'를 세상에 내놓았죠. 우리는 이를 통해 AI 열풍을 조금 더 냉철하게 바라볼 수 있게 됩니다.

시선을 조금 더 멀리 돌려볼까요? 가난한 나라를 돕는 일은 인류의 오랜 숙제입니다. 하지만 우리는 종종 회의감에 빠집니다. 우리가 보낸 기부금이 정말 그들의 삶을 나아지게 할 수 있을지 의문이 들기 때문이죠. 이 거대한 담론을 경제학자들은 아주 구체적인 실험으로 쪼개어 검증했습니다.

"말라리아를 막기 위해 모기장을 1달러에 파는 게 나을까, 아니면 공짜로 주는 게 나을까?"

아비지트 배너지와 에스테르 뒤플로 교수는 책상이 아닌 현장으로 나갔습니다. 수많은 무작위 대조 실험RCT을 통해 가난한 사람들에게 필요한 건 막연한 원조가 아니라 정교하게 설계된 정책이라는 사실을 증명해 냈습니다. 우리가 일상에서 마주하는 소소하지만 날카로운 궁금증들. 그 물음표를 느낌표로 바꾸는 과정이 바로 경제학입니다. 이 책 『최소한의 노벨 경제학상』은 바로 그 '해결의 과정'을 담은 기록입니다.

노벨 경제학상은 가짜 노벨상?

노벨상은 알프레드 노벨의 유언에 따라 만들어진 상이라고 생각하지만, 경제학상만은 예외입니다. 노벨 경제학상은 1968년, 스웨덴 중앙은행Sveriges Riksbank이 창립 300주년을 기념하여 노벨 재단에 기부금을 내면서 제정되었습니다. 그래서 노벨 경제학상은 정식 명칭이 '알프레드 노벨을 기념하는 스웨덴 중앙은행 경제학상'입니다.

1901년부터 시작된 다른 분야와 달리 1969년에야 첫 수상자를 배출했기에, 노벨 경제학상의 역사는 현대 자본주의의 역사와 궤를 같이합니다. 1970년대의 스태그플레이션, 1980년대의 금융 혁신, 2000년대의 행동경제학 부상 등 시대가 고민하던 가장 치열한 문제들이 수상자들의 이론에 고스란히 담겨 있습니다. 즉, 노벨 경제학상의 흐름을 읽는다는 것은 지난 반세기 동안 인류가 먹고사는 문제를 해결하기 위해 어떤 지적 분투를 해왔는지 살펴보는 일이죠.

1969년부터 2025년까지, 지성의 최전선을 걷다

1969년 첫 수상자부터 2025년 최신 수상자까지, 경제학의 거대한 흐름을 주도한 41명의 결정적인 이론을 선별해 담았습니다. 특히 2012년부터 2025년까지 경제학의 패러다임이 급격하게 변하고 있는 최근 14년의 연구 성과는 빠짐없이 수록했습니다. 과거의 죽은 이론이 아니라, 지금 당장 우리의 현실을 설명하고 있는 살아있는 지식을 전달하고 싶었기 때문입니다.

경제를 잘 모르는 사람이라고 해도 겁먹을 필요는 없습니다. 앞서 말했듯 모든 이론은 "왜 그럴까?"라는 소박한 질문에서 출발하니까요. 복잡한 수식 대신 그들이 어떤 질문을 던졌고, 그 답을 찾기 위해 어떤 기발한 방법을 썼는지에 집중했습니다. 그 과정을 따라가다 보면, 어렵게만 느껴지던 경제가 흥미진진한 추리 소설처럼 읽히는 경험을 하게 됩니다.

이 책은 순수한 지적 호기심을 채워 주는 교양서이기도 하지만, 동시에 치열하게 시험 준비하는 이들을 위한 강력한 실용서이기도 합니다. 매년 수능 국어 영역과 영어 영역에서 수험생들을 절망에 빠뜨리는 '킬러 문항' 중 다수가 경제·금융 지문에서 출제됩니다. 트리핀 딜레마, 환율의 오버슈팅, 통화 정책의 파급 경로, 게임 이론과 경매 이론 등 고난도 지문의 소재는 대부분 노벨 경제학상 수상자들의 이론에서 발췌되었죠. 경제적 논리를 이해하고 있다면, 남들이 지문과 씨름할 때 정답을 꿰뚫어 보는 통찰력을 가질 수 있습니다. 유학이나 해외 취업을 준비하는 학생들에게도 마찬가지입니다. 토플TOEFL, 아이엘츠IELTS, 지알이GRE 등의 아카데믹 라이팅과 리딩 지문은 노벨상 수상자들의 논문을 요약하거나 인용하는 경우가 빈번합니다. 논리적 완결성이 뛰어난 그들의 글은 학문적 영어의 표본이기 때문이죠.

연구하고자 하는 대학생, 대학원생에겐 어떻게 일상 호기심을 연구로 발전시키는지 엿볼 수 있는 보물 창고일 거고요! 취업 면접 현장에서도 경제 상식은 지원자의 세상을 보는 눈을 검증하는 척도가 됩니다. "최근 금리 인하가 경제에 미치는 영향은 무엇인가?", "퇴직연금제도에 대해 어떻게 생각하는가?"와 같은 질문에 대해, 노벨상 수상자들의 이론을 근거로 논리적인 답변을 내놓는다면 면접관에게 깊은 인상을 남길 수 있을 것입니다.

최소한의 지식으로 세상을 읽는 최대한의 지혜를

경제학은 차가운 숫자의 학문이 아닙니다. 따스한 마음으로 인간의 선택을 고민하고, 냉철한 머리로 더 나은 해법을 찾아가는 학문입니다. 이 책이 고교 수험생과 유학준비생에겐 난해한 지문을 뚫어 내는 열쇠가, 취업 준비생에게는 세상의 흐름을 읽는 나침반이, 그리고 일상을 살아가는 우리 모두에게는 복잡한 경제 현상 속에서 본질을 꿰뚫어 보는 지혜의 창이 되기를 바랍니다.

자, 이제 1969년부터 2025년까지 이어지는, 세상에서 가장 지적인 여행을 떠날 준비가 되셨나요?

김나영 드림

차례

NOBEL PRIZES

1장

일상 속 궁금증을 해결한
경제학자들

1

불법 주차, 막을 수는 없을까?

게리 베커(Gary S. Becker, 1930~2014)
1992년 노벨 경제학상 수상
합리적 선택, 비용–편익 분석

Q

제가 사는 동네는요, 4차선 도로 양옆에 상가들이 쭉 있어요. 저희 엄마는 상가 1층에 있는 빵집, 반찬 가게 등을 자주 이용하죠. 문제는 주차장이 따로 없어서 저희 엄마가 불법 주차를 종종 하신다는 거예요. 잠시 있어 보라며 길가에 정차해 두곤 빵집에 들어가시는 겁니다. 집에 차를 두고 걸어 나오라니까 너무 귀찮다, 잠깐이면 된다면서 들어가시는 거 있죠? 저희 엄마, 어떻게 하면 말릴 수 있을까요?

어머나, 어머님의 불법 주차를 막아달라는 얘기네요? 이런 상황은 생활 속에서 흔히 볼 수 있어요. 우리는 이런 상황을 맞닥뜨리면, 은연중에 머릿속으로 기회비용과 편익을 계산하는 경우가 많아요. '편익'은 우리가 어떤 선택을 내림으로써 얻을 수 있는 이익을 말하고, 선택하지 않은 것 중 가장 아쉬운 대안의 가치는 '기회비용'이라고 해요. 참고로 승용차의 불법 주차 과태료는 승용차 기준 4만 원, 2시간이 넘어가면 5만 원입니다. 이 상황에서 얻을 수 있는 이익과 비용을 계산해 보면 주차하고 걸어오는 게 합리적인 선택이에요.

하지만 불법 주차를 하는 사람들은 아마 길가에 차를 세우고 가게에 다녀오는 편리함이 안 낼지도 모르는 과태료보다 크다고

계산했을 거예요. 말도 안 되는 계산이라고 생각하나요? 그런데 이런 얘기로 논문[1]을 쓴 경제학자가 있습니다. 바로 경제학자 게리 베커Gery S. Becker예요.

법을 어기는 게 경제적이라고?

미국 뉴욕의 컬럼비아 대학교에 근무하던 게리 베커 교수는 논문 심사를 위해 학교에 가고 있었어요. 그런데 차를 학교 주차장에 주차하면 심사 시간에 늦을 것 같았죠. 길가에 주차하면 제 시간에 들어갈 수 있을 것 같았어요. 그는 주차 단속에 걸려서 과태료를 물 가능성이 얼마나 되는지 고민하다가 결국 길가에 차를 세우고 심사장으로 갔습니다. 다행히 제시간에 심사장에 도착했고, 일을 끝내고 돌아와 보니 주차 단속에도 걸리지 않았어요. 그리고 이 일에 영감을 받아, 사람들이 법을 어기는 이유를 경제학적으로 탐구해서 '죄와 벌: 경제학적 접근Crime and Punishment: An Economic Approach'이라는 논문을 씁니다. 눈에 보이는 비용만 따진다면 0원이 드는 '주차하고 걸어오기'를 선택할 텐데 그는 왜 이런 결정을 내렸을까요? 그는 주차 단속에 걸릴 '가능성'을 따져본 거예요. 주차 단속에 안 걸릴 수도 있잖

1. Becker, G. S. (1968). Crime and punishment: An economic approach. The Journal of Political Economy, 76(2), 169–217.

아요. 베커의 이론에 의하면 불법 주차를 말리려면 불법 주차 시 물게 되리라 예상되는 과태료의 기댓값이 불법 주차하고 빵집을 이용하는 편익보다 높아져야 합니다. 과태료면 과태료지, 과태료의 기댓값이라고 하는 건 뭔가 싶으신가요? 기댓값이란 건, 확률에 나오는 얘기입니다. 어떤 사건이 일어날 확률과 그 값을 따져 보는 거죠. 주차 단속에 걸렸을 때의 과태료는 4만 원입니다. 단속에 걸릴 확률이 100%면 과태료의 기댓값은 4만 원이죠. 그런데 단속에 걸릴 확률이 50%라면, 과태료의 기댓값은 4만 원× 0.5=2만 원, 2만 원이 됩니다. 차를 타고 빵집을 갔을 때의 편함이 2만 원의 가치보다 적어야 불법 주차를 막을 수 있는 거예요. 불법 주차하는 사람들은 편함이 2만 원보다 가치가 크다고 계산한 거죠.

베커는 이처럼 일상에서 마주하는 사소한 일들을 경제학의 영역으로 가져왔습니다. 특히, 대학 진학, 연애, 결혼, 출산 등 지극히 개인적인 결정이라고 여겨지는 영역도 '비용-편익 분석'의 관점으로 해석했어요.[2]

2. Becker, G. S. (1976). The economic approach to human behavior. University of Chicago Press.

야구 선수의 대학 진학은 합리적인가?

요즘 프로 야구의 인기가 많죠. 야구 기사를 찾아보면, 이정후, 김도영, 윤성빈 선수 등 고등학교 졸업 후, 대학에 진학하지 않고 바로 프로가 되는 야구 선수들이 많은데요. 베커는 이들의 선택을 비용-편익 분석으로 설명해요. 그들이 프로 야구 선수가 되지 않고 대학에 진학하면 기회비용이 너무 큰 겁니다. 대학에 진학하면 대학 생활의 경험과 배움의 가치 등이 편익일 텐데요. 기회비용에는 대학 등록금뿐 아니라, 프로 야구 선수를 했을 때 얻을 수 있는 연봉과 명성이 포함될 테니까요.

사랑에도 계산이 따른다?

베커는 사람들이 누군가와 사랑하고 결혼할 때도 이런 분석을 한다고 했어요. '내가 저 사람을 만났을 때 얻게 되는 편익과 비용'을 비교한단 거죠. 그는 "결혼은 결혼을 통해 얻는 만족이 혼자 살아갈 때보다 클 것이란 기대가 있을 때 성립된다"라는 말로 결혼 이론을 정리해요. 사람들이 결혼을 결심하려면, 혼자 사는 것보다 결혼 이후 만족감이 커질 걸 확신해야 한단 겁니다. 그렇지 않다면, 결혼할 이유가 없다는 거죠. 연애할 때도 마찬가지라고 분석해요. 베커는 교육 수준이나 종교, 취미 등 자신과 공통점이 많은 사람과 만나고 결혼할 때 서로의 이익을 높일 수 있다고 분석했어요. 예를 들어 두 사람 모두 독실한 기독교 신자라서, 매주 함께 차를 타고 교회에 간다고 해 봐요. 그럼 따로 차를 타고 가는 것보다 비용이 적게 듭니다. 또 같은 종교를 믿기에 서로 이해도도 높겠지요. 두 사람의 취향이 비슷하면 좋은 점이 많아요. 소파도, 침대도, 식탁도 두 사람 모두 만족하는 걸 고를 수 있을 테니까요.

반대로 자신과 전혀 다른 사람과 만날 때 좋은 점도 있습니다. 서로 잘하는 부분이 달라서 상대의 부족한 점을 보완해 줄수 있기 때문이에요. 또 서로 몰랐던 점을 알아 가다 보면 다양성에 대한 이해와 만족감도 높아질 수 있겠죠. 최근 결혼, 출산 감소와 더불어 연애도 덜 한다는 통계자료가 있던데요. 베커가 얘기한 대로 연애, 결혼, 출산의 편익보다 기회비용이 커진 탓일까요?

사람의 모든 행동은 비용－편익 분석에 기반해!

베커는 경제학의 분석 영역을 인간 행동 및 상호작용, 특히 일상적인 행동 영역까지 확장한 공로로 1992년 노벨 경제학상을 수상했습니다. 전통적인 경제학이 다루지 않던 영역에 합리적 선택Rational Choice 원리를 적용했다는 게 핵심이었어요. 인적 자본, 가족 경제학, 범죄와 처벌 등 그 분야가 넓었죠. 그는 사람들이 행동을 할 때, 결정으로 얻을 수 있는 이익인 편익과 조건, 시간, 소득, 비용 등 제약 조건을 비교한다고 전제하고 분석했어요. 범죄자를 비합리적 존재가 아닌, 체포될 확률과 처벌 비용을 편익과 비교하여 범죄 여부를 결정하는 합리적인 행위자로 분석했고요. 인종 차별이 경제적 비효율성과 차별하는 주체에게도 비용을 발생시킨다는 것을 보여 주었습니다. 그리고 교육, 훈련, 건강을 미래 소득을 높이기 위한 투자로 분석하거나 결혼, 출산, 이혼, 자녀 등의 가족 구성원의 의사 결정을 비용-편익 관점에서 분석했죠.

베커는 경제학의 영역을 사회학, 인구학, 범죄학 등 인접 학문으로 확장하고, 경제학이 인간 사회의 근본적인 문제들을 설명할 수 있는 강력한 도구가 될 수 있음을 증명했어요.

2 보험 가입 절차가 까다로운 이유

조지 애컬로프(George A. Akerlof, 1940~)
마이클 스펜스(A. Michael Spence, 1943~)
조지프 스티글리츠(Joseph E. Stiglitz, 1943~)
2001년 노벨 경제학상 공동 수상
정보의 비대칭, 레몬 시장, 신호 발송, 선별 이론

Q

얼마 전 이모가 건강 실손 보험에 가입하려고 하셨는데, 복잡한 문제가 많으셨대요. 이모의 친구는 비대면으로 바로 가입이 되었는데, 이모는 확인 절차가 복잡하다면서 대면만 된다고 하더래요. 또 보험료도 많이 내야 한다고 했다나 봐요. 이모는 그러느니 안 드는 게 낫겠다 싶어서 가입하지 않으셨다고 해요. 보험 회사에서는 왜 그런 걸까요?

저도 같은 경험이 있어요. 기분 나빠할 일은 아니란 점 먼저 말씀드릴게요. 그리고 보험 회사가 이모와 제게 까다로운 조건을 제시한 이유를 알려 주기 전에 한 유명인의 경험담을 들려줄게요.

난 합리적으로 중고차를 고를 거라고!

미국의 한 도시. 한 남성이 중고차를 구입하기 위해 중고차 매장에 들어섰어요. 그는 아주 꼼꼼하게 중고차를 고르기 시작했어요. 매장을 둘러보는 그에게 중고차 판매인이 다가와서 찾는 물건이 있는지 물었어요. 그는 찾고 있는 차의 조건을 말했습니다.

> "네, 깨끗하면서도 합리적인 가격의 차면 좋겠는데, 그런 게 보이지 않네요?"

누구나 원하는 조건이었죠. 중고차 판매인은 고개를 끄덕이고는 최신 모델이 있다며 그를 한쪽 구석으로 데리고 가서 흰색 차를 보여줬어요. 외관은 깨끗해 보였죠. 남성은 주행거리까지 꼼꼼히 살펴보았어요. 가격도 물었죠. 중고차 판매인은 최대한 깎아서 6,500달러에 맞춰줄 수 있다고 했습니다. 그리고 추가 옵션으로 가죽시트, 선탠 등을 권했지만 그는 사양했어요. 합리적

　　　　　　　　　　1장 일상 속 궁금증을 해결한 경제학자들

인 소비자에겐 그런 옵션은 필요 없다고 생각했기 때문입니다. 하지만 문제가 생깁니다. 합리적으로 잘 골랐다고 생각했는데 며칠이 지나지 않아 갑자기 길 한 가운데서 차가 멈춰 버린 거예요. 그는 어쩔 수 없이 출장 정비원을 불렀죠. 그런데 정비원이 이것저것 점검하더니 이렇게 말하는 게 아니겠어요?

그는 너무 놀라서 이건 새 차나 다름없다고 이야기했어요. 하지만 정비원은 차 상태가 좋지 않다며 오래 못 갈 거라고 했죠. 결국 응급 수리비로 1,000달러, 추가 수리비로 3,000달러가 들었습니다. 차를 잘 따져보고 합리적인 가격에 구입해서 현명한 소비라고 생각했는데, 수리 비용이 계속 들어가서 결국 비싼 가격을 지불한 셈이 되고 말았습니다. 중고차 매장에서 꼼짝없이 바가지를 쓴 이 남자는, 노벨 경제학상 수상자인 경제학자 조지 애컬로프George A. Akerlof예요.

한쪽에만 정보가 많은 게 문제야.

혹시 이 사례처럼 물건이 괜찮아 보여서 샀는데 써보니 품질이 안 좋았던 기억. 있지 않나요? 유명한 경제학자인 애컬로프도 이러한 상황을 비껴가지 못한 까닭은 '정보의 비대칭Markets

'때문입니다. 정보의 비대칭은 거래되는 양쪽 중 한쪽에만 정보가 많은 상황을 말해요. 애컬로프가 자료 조사를 열심히 했다고 해도 판매상보다는 정보가 적을 수밖에 없는 거죠.

애컬로프는 자신의 경험을 그냥 지나치지 않아요. 이 경험을 경제학에 접목시키죠. 정보의 비대칭을 직접 경험한 그는 중고차 시장에서 구입한 자동차가 왜 자주 고장나는지 그 현상을 분석해요. 그리고 이런 시장을 뭐라 부를까 고민하다 '레몬 시장 The Market for "Lemons"'[3]이라고 이름 붙입니다. 레몬이 겉보기엔 예쁘지만 먹어 보면 시잖아요! 이게 겉만 번지르르한 중고차랑 비슷하다고 본 겁니다. 전통 경제학에서는 모든 시장 참여자들이 똑같이 투명한 지식을 모두 공유한다고 전제해요. 하지만 현실은 그렇지 않은 거예요.

중고차 시장이 정보의 비대칭으로 인해 무너지는 현상을 레몬 시장으로 설명한 애컬로프는 정보가 완전하다고 믿었던 전통 경제학에 반론을 제기하며 정보경제학의 새로운 지평을 열었어요. 운이 나빴던 경험을 연구로 발전시켜 노벨 경제학상까지 받

3. Akerlof, G. A. (1970). The market for lemons. The Quarterly Journal of Economics, 84(3), 488–500. The MIT Press; Akerlof, G. A. (1978). The market for "lemons": Quality uncertainty and the market mechanism. In Uncertainty in economics 235–251. Academic Press.

았으니, 이 경험은 그에게 어쩌면 행운이었던 건 아닐까요?

중고차 시장에 나쁜 차만 남는 이유는 뭘까?

애컬로프가 중고차 매장에 오기 전, 중고차 판매상에게 자신이 타던 차를 팔러 온 두 사람이 있었어요. 사라와 케빈입니다. 두 사람의 차는 같은 연식, 같은 A사의 같은 차종이었어요. 두 사람은 이렇게 말합니다.

겉보기에 두 차는 정말 똑같아 보였어요. 같은 차종, 같은 연식의 차. 하지만 사실 케빈의 차는 고장난 적이 많고, 1시간 넘게 운전하다보면 털털거렸지만 케빈은 중고차 판매상에게 말하지 않았어요. 중고차 판매상은 두 차를 둘러보다 두 차 모두 5,000달러에 사겠다고 말합니다.

케빈은 미소를 지으며 금세 팔겠다고 계약했어요. 하지만 사라는 달랐어요. 사라는 마음속으로 7,000달러 이상은 받아야 한다고 생각하고 있었거든요. 차 상태가 좋으니 낮은 가격에 팔 거면 차라리 자신이 더 타는 게 낫다고 생각했던 거죠. 결국 사라는 차를 팔지 않아요.

이렇게 질 좋은 우량차는 시장을 떠나고, 질이 안 좋은 불량차만 시장에 들어오게 되는 거예요. 불량차는 중고차 판매자에 의해 우량차로 둔갑했고, 애컬로프는 불량차를 우량차라고 생각하고 구입하게 된 겁니다. 정보의 비대칭으로 인해서 아무리 신중하게 골라도 손해가 되는 선택을 하게 되는 이 상황을 '역선택Adverse Selection'이라고 부릅니다. 중고차 매장에는 질이 안 좋은 차가 많고, 소비자는 중고차 판매상보다 정보가 적으니 늘 손해를 보고 살아야 하는 걸까요?

레몬 시장의 문제를 해결하다!

미국의 경제학자이자, 조지 애컬로프의 친구로 2001년 함께 노벨 경제학상을 수상한 마이클 스펜스A. Michael Spence는 레몬 시장의 문제를 어떻게 해결할 수 있을지 고민하다가 '시장 신호 이론Market Signaling'[4]을 발표하고, 조지프 스티글리츠는 선별 이론Screening을 제시합니다.[5]

4. Spence, M. (1973). Job market signaling, The Quarterly Journal of Economics, 87(3), 355–374. The MIT Press; Spence, M. (1978). Job market signaling. In Uncertainty in Economics 281–306. Academic Press.
5. Stiglitz, J. E. (1979). Equilibrium in product markets with imperfect information. The American Economic Review, 69(2), 339–345.

스펜스가 제시한 시장 신호 이론은 정보량이 많은 쪽에서 자신의 상품 가치를 확신시킬 수 있는 신호를 보내 주면 정보의 격차로 야기되는 시장의 왜곡 현상, 즉 역선택을 피할 수 있다는 이론이에요. 중고차 시장이라면, 중고차 주인이 차 상태에 대한 정보를 많이 가지고 있잖아요? 그 중고차 주인이 자신의 차가 정말 우량차란 신호를 상대에게 보내면 해결된다는 겁니다. 이때 신호는 비용이 들어가는 신호여야 한다는 게 중요해요.

예컨대 '내 차 좋은 차예요'라고 말로만 하는 건 아무런 비용이 들어가지 않아서 아무나 할 수 있어요. 진짜 자신의 차 상태에 자신이 있다면, 함께 차량 점검을 받으러 가자고 제안할 수 있을 겁니다. 혹은 자신이 몇 년간 써온 차계부차량 다이어리를 보여줄 수도 있겠죠. 혹은, 구매 후 6개월간 고장이 나면 무상 수리를 해준다는 보증서를 발급해 줄 수도 있고요. 이런 게 비용이 들어가는 신호 발송이예요.

스티글리츠는 정보가 부족한 쪽에서 레몬 시장 문제를 해결할 방법을 제시했어요. 정보가 부족한 쪽에서 정보를 가진 쪽에 여러 가지 선택지를 주어 스스로 자신의 정체를 드러내게 만든다는 거예요. 예를 들어볼게요. 어느 뷔페식당에서 손님이 음식을 얼마나 많이 먹을지(정보)를 모른다고 해 봐요. 식당은 '비싼 가격의 무제한 이용권'과 '가격은 저렴하지만, 두 접시만 먹을 수 있는 이용권'이라는 두 가지 선택지를 내놓습니다. 많이 먹는 대식가는 비싸더라도 무제한권을 선택하고, 소식가는 양이 적더라도 저렴한 이용권을 선택하게 됩니다. 그럼, 식당은 손님에게 묻지 않고도 그들의 선택만으로 누가 대식가인지 가려 낼 수 있어요. 이처럼 고객들이 자신을 스스로 드러내도록 유도하는 걸 '선별'이라고 부릅니다.

구직 시장과 보험 시장에도 신호 이론과 선별이 적용된다고?

스펜스는 시장 신호 이론을 정보의 비대칭이 발생하는 다양한 곳에 적용해요. 취업 시장을 생각해 볼게요. 회사에 취업하고자 하는 2명이 있어요. 여러분이라면 어떤 직원을 뽑을 것 같은가요?

여기선 취업하려는 사람이 정보를 더 많이 가졌습니다. 그럼 취업하려는 쪽에서 회사에 신호를 보낼 수 있겠죠. 대표적인 게 성적 증명서, 자기소개서, 어학 능력 점수, 회사 업무와 관련한 수상 경력 등 자신이 능력을 드러낼 수 있는 증서를 제출하는 거예요.

스티글리츠는 정보가 적은 쪽, 즉 회사 측에서 필요한 정보를 요구해서도 자신들이 원하는 사람인지 아닌지 선별해 낼 수 있다고 했어요.[6] 만약 회사가 연구 능력을 필요로 하는 직종이라면, 지원자의 최종 학력을 요구할 수 있겠죠. 공부를 마치는 데 많은 시간과 노력이 들기 때문에 중도 포기하지 않은 것을 능력으로 볼 수 있으니까요. 만약 학교들이 서열화되어 있다면 더 명확한 선별 지표가 될 수 있습니다. 학생들은 능력에 맞는 학교에 지원하기 때문에 명문 학교를 졸업했다는 최종 학력 자체가 선별의 장치가 될 수 있다는 거죠. 이건 1970년대 스티글리츠의 주장인데요, 요즘은 꼭 명문 학교와 성적이 그 사람의 능력을 나타내는 건 아니라고 생각해요. 현시대에 맞는 새로운 선별 지표엔 뭐가 있을까요? 한번 생각해 보세요.

처음에 든 보험 이야기로 돌아가 봐요. 보험 회사 입장에서는 가입하려는 사람이 얼마나 건강한지 선별해 내고 싶을 거예요. 그래서 가입하려는 사람에게 질문을 통해 물어보는 거예요. 평소에 복용하고 있는 약이나 정기적으로 다니는 병원이 있는지 등이요. 의료 시스템에 진료기록이 있기에 고객은 거짓을 말할 수는 없으니 질문하는 것만으로 충분한 선별 장치가 됩니

6. Stiglitz, J. E. (1975). The theory of "screening", education, and the distribution of income. The American Economic Review, 65(3), 283–300.

다.[7] 제게도 그런 걸 물었어요. 제가 좀 골골해서 병원에 자주 다니거든요. 그랬더니 보험사에서는 일반 상품에는 가입이 어렵다고 했어요. 정확히는 보험료가 굉장히 높은 상품을 소개해 줬죠. 제 입장에선 좋은 경험은 아니었지만, '아 이게 선별을 통해 역선택을 막는 거구나'라고 생각했어요. 보험사가 이모에게 까다롭게 군 것도 마찬가지일 거예요. 그리고 한 가지 더 살펴보면, 요즘에는 가입 절차가 까다롭지 않은 보험도 생겨나고 있는데요, 이런 경우는 보험사가 어떻게 선별을 할까요? 예시를 들어 설명해 볼게요.

<table>
<tr><td>보험 A</td><td>보험 B</td></tr>
<tr><td>높은 보험료를 내는 대신
병원에 갈 때 진료비 전액을
보상받는 보험</td><td>보험료는 저렴하지만,
병원에 가도 진료비 일부만
보상받는 보험</td></tr>
</table>

　　병치레가 잦은 고객은 보상이 중요하니 보험료가 높아도 보험 A를 선택할 가능성이 높고, 건강한 고객은 병원에 갈 확률이 적다고 생각해 보험료가 저렴한 보험 B를 선택할 가능성이 높겠죠. 어딘가 익숙한 흐름이지 않나요? 앞서 말한 뷔페식당과 비슷

7. Stiglitz, J. E., & Rothschild, M. (1976). Equilibrium in competitive insurance markets: An essay on the economics of imperfect information. The Quarterly Journal of Economics, 90(4), 629–649.

한 전략인 거예요. 보험사 입장에서는 고객의 선택을 통해 자신의 정체를 스스로 밝히게 만드는 겁니다. 복잡한 질문 없이도 고객을 선별할 수 있는 거예요. 이렇게 우리 주변에는 우리를 선별할 다양한 전략이 사용되고 있습니다.

애컬로프, 스펜스, 스티글리츠의 멋진 우정

애컬로프, 스펜스, 스티글리츠 세 사람은 친구이자 동료로, 2001년 비대칭 정보 하의 시장에 대해 분석한 공로를 인정받아 함께 노벨 경제학상을 수상합니다. 개인의 일화에서 레몬 시장 이론을 정립한 애컬로프, 애컬로프의 연구를 보고 그 해결의 실마리를 찾고자 노력해 시장 신호 발송 이론과 선별 이론을 각각 발표한 스펜스와 스티글리츠. 아이디어를 나누고, 서로 긍정적인 방향으로 발전해 가는 세 사람의 관계. 너무 멋지지 않나요? 여러분도 서로 좋은 에너지를 주고받으며 교류하는 관계를 많이 가져 보면 어때요?

3. 매력적인 여성에게 아무도 다가가지 않는다고?

존 내시(John F. Nash, 1928~2015)
1994년 노벨 경제학상 수상
내시 균형, 게임 이론

Q

저희 오빠는 예전부터 공부만 엄청 열심히 하고 외모엔 전혀 관심이 없었는데, 요즘 부쩍 옷차림에 신경을 쓰더라고요? 급기야 향수까지 칙칙 뿌리는 게 아니겠어요? 전 직감했죠. 잘 보이고 싶은 사람이 있는 게 틀림없다고요. 오빠한테 물었어요. 처음엔 아니라고 발뺌하더니 결국 시인하더라고요. 그런데요, 세상에! 그 언니는 엄청 매력적이고 인기가 많아서 고백할 수 없단 겁니다. 분명 다른 멋진 남자들도 많이 고백할 거라면서요! 이 무슨 멍청한 소리인가요? 답답한 우리 오빠, 좀 말려 주세요!

여동생이 오빠를 생각하는 마음이 느껴져서 흐뭇한데요? 저는요, 답답하게 느껴지는 오빠의 모습에서 떠오르는 영화가 있었어요. 〈뷰티풀 마인드A Beautiful Mind〉[8]인데요, 오빠의 행동이 답답해 보이지만 이 영화를 보면 이해되는 측면이 있어요. 심지어 한 경제 이론에서는 오빠의 행동을 '충분히 합리적인 선택'이라고 설명하기도 하죠.

매력적인 여성에게 아무도 다가가지 않는다고?

영화 〈뷰티풀 마인드A Beautiful Mind〉에 이런 장면이 있어요. 주인공 존과 친구인 라인하르트가 카페에서 수다를 떨고 있습니다. 그러던 중 정말 매력적이고 아름다운 금발의 여성이 들어와요. 금발의 여성을 리즈라고 해 볼게요. 리즈와 함께 들어온 갈색 머리의 친구 앤과 메리도 매력적인데요, 리즈보다는 덜 합니다. 존은 마음속으로 생각합니다.

'라인하르트도 리즈에게 반한 것 같다. 나도, 라인하르트도 모두 리즈에게 데이트를 신청하면 어떻게 될까? 리즈는 곤란해 하고, 앤과 메리는 기분이 상할 거야.'

8. Howard, R. (2001). A Beautiful Mind [Motion Picture]. Universal Pictures; DreamWorks Pictures.

여러분이라면 이 상황에 어떤 선택을 할 건가요? 친구와의 경쟁, 함께 포기하기, 둘 중 어떤 게 최선의 선택일까요? 라인하르트는 첫 번째를 선택합니다. 리즈를 두고 존과 경쟁하려 하는데요. 존의 생각은 조금 다릅니다. 존은 둘 다 리즈를 포기하고, 각각 앤과 메리에게 데이트 신청을 하는 게 낫다고 생각하죠. 말도 안 되는, 멍청한 이 상황! 이 영화 속 존은 실제 인물인 수학자 존 내시John F. Nash예요. 내시는 수학자인 만큼 이 상황을 숫자로 단순화해서 표현합니다.[9]

먼저 가장 마음에 든 리즈와의 데이트는 만족도 2, 앤 혹은 메리와의 데이트는 만족도 1을 얻는다고 가정해요. 괄호 앞쪽에 라인하르트의 이익을, 괄호 뒤쪽에 존의 이익을 적어 표로 정리하면 다음과 같아요.

		존	
		리즈	앤 혹은 메리
라인하르트	리즈	(0, 0)	(2, 1)
	앤 혹은 메리	(1, 2)	(1, 1)

(0, 0) 칸은요, 라인하르트도 리즈를 선택하고 존도 리즈를 선택해서 둘 다 0의 이득을 얻을 걸 나타내요. 존은 라인하르트

9. Nash, J. (1950). Non-cooperative games [Ph. D. dissertation]. Princeton University.

와 자신이 동시에 리즈에게 데이트 신청을 하면 둘이 경쟁하다 무엇도 얻을 수 없다고 보았기 때문이에요.

영화에서는 존과 라인하르트 둘 모두 1의 이득을 얻는 '앤 혹은 메리에게 데이트 신청하기'가 서로에게 좋다는 식으로 나오는데요. 좀 이상하지 않나요? 왜냐하면 가장 매력적인 리즈에겐 아무도 데이트 신청을 안 하게 되는 상황이 벌어지는 거잖아요. 존과 라인하르트도 가장 마음에 들었던 리즈를 놓친 거고요. 승자가 없는 결과인데, 이 전략이 최선일까요? 서로 경쟁해서 한 명이라도 리즈와 데이트를 하는 게 더 나은 전략이지 않을까요?

연애에도 경제학이 있다!

사실 존과 라인하르트가 각각 앤과 메리에게 데이트 신청하는 건 각자에게 최선의 전략은 아니에요. 경제학에선 이를 '(1, 1)은 안정적인 해가 아니다'라고 말해요. 만약 존이 앤이나 메리에게 데이트 신청을 할 것을 라인하르트가 안다면, 라인하르트는 리즈에게 데이트를 신청하는 게 최선입니다. 만약 그렇게 되면 라인하르트는 2의 이득을 얻고, 존은 1의 이득을 얻어 (2, 1)의 결과가 됩니다. 반대로 라인하르트 입장에서 존이 리즈에게 데이트를 신청할 것을 안다면, 자신은 앤이나 메리에게 데이트 신청을 하는 게 최선입니다. 라인하르트는 1의 이득을 얻고, 존은 2의 이득을 얻어 (1, 2)의 결과가 되죠. 이처럼 게임 이론에서는 상대가 어떤 전략을 취할지에 따라 내게 유리한 전략이 달라지는 상황을 가정해요. 이런 상황을 '전략적 상황Strategic Situation'이라고 부릅니다.

전략적 상황에서 각자 최적 대응 전략을 택하면, 최적 대응 전략의 짝이 나오게 되는데요, 이를 내시 균형Nash Equilibrium이라고 합니다. 내시 균형은 전략적 상황에 놓인 사람, 기업, 국가 등 여러 행위자들이 서로 협력하거나 소통하지 않더라도, 각자가 상대방의 행동을 예상하고 자신에게 최적인 행동을 선택했을 때 도달하는 상태를 말합니다. 일단 내시 균형에 도달하면, 행위자들이 선택을 유지하는 한, 최선의 결과를 얻을 수 있습니다.

위 상황에서는 한 명이 앤이나 메리를, 나머지 한 사람은 리즈를 선택하는 경우 즉, (1, 2) (2, 1)의 두 가지가 내시 균형이 돼요. 균형이 두 가지라니, 그럼 결국 예측을 못 하는 거 아니냐고 의문을 가질 수 있어요. 맞습니다. 내시 균형이 두 가지 이상인 경우, 그중 어떤 쪽으로 귀결될지는 알 수 없어요. 하지만 만약 두 게임 참여자, 여기선 존과 라인하르트 간에 공유된 정보가 있다면 애기가 달라질 수 있죠. 두 균형 중 한쪽의 가능성이 훨씬 크다는 걸 알릴 수 있는 징후나 실마리가 있다면 그 균형을 '셸링 포인트Schelling Point'라고 합니다. 존 내시는 이 사건에서 얻은 통찰로 그의 박사 논문 '비협력 게임Non-Cooperative Games'을 쓰며 게임 이론의 기초를 확립해요.

게임 이론의 적용 분야가 이렇게 넓다고?

내시의 이론은 경제학의 전통적인 분석 범위를 훨씬 뛰어넘어, 광범위한 분야에서 인간의 상호작용과 결과를 예측하는 데 핵심 도구가 되었습니다. 그가 마련한 게임 이론의 토대는 경제학, 정치학, 생물학 등 다양한 분야에 적용되어 왔어요. 소수의 기업이 경쟁하는 과점 시장에서 기업들이 가격이나 생산량을 결정하는 데 사용되기도 하고, 국제 정치에서 상대방의 전략을 고려한 최적의 선택이 무엇인지 분석할 때도 사용됩니다. 심지어 진화생물학에서까지 사용되고 있죠. 내시는 이러한 공로를 인정받아, 1994년 노벨 경제학상을 수상했습니다.

4 | 사회적 성공엔 공감 능력이 중요해!

제임스 헤크먼(James J. Heckman, 1944~)
2000년 노벨 경제학상 수상
비인지 능력, 헤크먼 곡선, 선택 편향

Q

입시 경쟁은 극에 달한 듯해요. 학군지에 사는 사촌 동생은 수학 시험에서 한 문제 틀렸는데 2등급이었다는 거 있죠? 좀 더 빨리하면 유리할까 싶어서 당기고 당겨진 입시. 명문 영어 유치원에 들어가기 위해 '4세 고시'가 유행일 정도라니 너무 한 게 아닌가 싶어요. 어린 아이들이 학원에 들어가기 위해 과외를 받는 현실. 이렇게까지 해야 하는 건가 싶어요. 사실 정답 찾는 건 이제 AI가 다 하잖아요. 이렇게 문제의 정답을 빠르고 정확하게 푸는 기술을 익히는 게 인생에 도움이 될까요?

입시 경쟁이 과열되었다는 건 누구나 인정할 거예요. 정답을 빠르게 찾아내는 것, AI가 사람보다 훨씬 잘한다는 것도 맞죠. 쇼피파이Shopify의 CEO 토비아스 뤼트케Tobias Lütke는 AI가 못하는 일을 증명하는 사람만 채용하겠다고 해서 화제가 되기도 했으니까요. 하지만 아무리 AI가 사람을 대체하고, 정보를 찾아 준다고 하더라도 우리가 기본적인 인문 소양을 갖추는 건 필요해요. 그래야 사고할 수 있는 능력이 생기는 거니까요. 물론 지금처럼 지나치게 많은 시간을 할애해서 지식을 외우고, 문제 푸는 기술을 익히는 건 지양해야 할 겁니다.

교육에도 투자 대비 수익률이 있다고?

저도 아이를 키우는 학부모로서 학원에 가보기도 했습니다. 아이가 6살 무렵이었어요. 영어를 배우는 곳이었는데요, 상담을 시작하니 원장님이 영어 리딩 지수가 어느 정도 되는지 묻더라고요. 당시 저희 아이는 알파벳도 몰랐습니다. 방학 때 영국에 여행을 다녀오기도 하고, 영어책을 읽어 주기도 해서 말은 몇 마디 할 수 있었지만 글자는 전혀 몰랐죠. 저는 전혀 늦었다고 생각하지 않았는데, 원장님은 진지한 눈으로 늦었다고 말씀하셨어요. 저는 이 학원의 성향이 저와는 맞지 않는 것 같아 상담을 끝내고 나오려고 했어요. 이때 원장님이 덧붙인 이야기가 충격이었습니다.

"노벨 경제학상을 받은 헤크먼 박사에 따르면요, 영유아기가 인적 자원 투자 대비 효과가 가장 큰 시기예요! 더 늦기 전에 빨리 하세요!"

제임스 헤크먼James J. Heckman의 연구에 따르면 '인적 자원 투자 효과'가 가장 큰 시기는 영유아기가 맞습니다. 헤크먼의 곡선Heckman Curve에서도 드러나죠. 하지만 헤크먼의 연구가 이렇게 쓰이다니 마음이 아팠습니다.

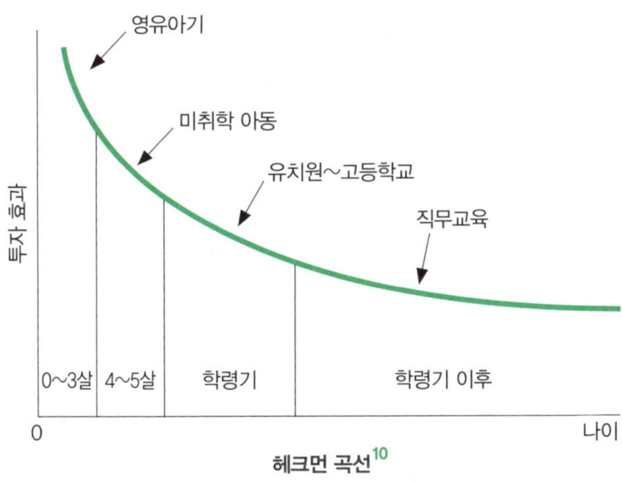

헤크먼 곡선[10]

10. Heckman, J. J. (2008). The case for investing in disadvantaged young children. CESifo DICE Report, 6(2), 3–8.

1장 일상 속 궁금증을 해결한 경제학자들

헤크먼은 투자 대비 효과가 어릴수록 좋으니, 국가가 영유아 교육 투자를 확대해서 생애 초기의 교육 격차를 해소하고, 질 높은 영유아 교육 서비스를 제공하라고 얘기한 겁니다. 미국에서 영유아기에 교육을 못 받고 방치되는 아이들을 위한 프로그램에 지원이 필요하단 거죠. 그가 말하는 '질 높은 교육 서비스'는 유치원 아이들이 외국어 읽고 쓰기를 모국어보다 잘하게 하는 게 아닙니다.

교육의 힘으로 유전자 극복도 가능해

범죄 유전자란 걸 들어보셨나요? MAOA라는 유전자예요. 폭력 범죄로 교도소에 수감된 범죄자들에게서 MAOA 유전자가 흔히 발견된다는데요. '범죄도 유전이다'라고 결론지으면 교육이 설 자리가 없어집니다. 헤크먼은 교육의 힘을 증명하고 싶었어요. MAOA 유전자를 지닌 사람들 중 중산층 가정에서 제대로 교육을 받고 자란 그룹 A와 보살핌을 받지 못하고 폭력에 많이 노출된 그룹 B를 연구했죠. 그룹 A에서는 범죄자가 되는 경우가 드물었고, 그룹 B에서는 범죄자가 된 경우가 꽤 많았어요. 환경의 중요성을 보여 주죠. 하지만 유전자도 무시할 수는 없나 봐요. MAOA 유전자가 없으면 학대받고 자라도 범죄자가 되는 경우가 드물었어요. 범죄 유전자의 힘. 50%는 작동하지만, 또 50%는 교육으로 향상될 수 있는 겁니다. 나쁜 유전자도 환경과 교육에 의해서 발현되기도 하고 그렇지 않을 수도 있는 거죠. 헤크먼이 영유아기 때의 교육을 강조한 건 이런 의미에서입니다. 어릴 때 환경을 잘 만들어 주자는 거죠.

사회적 성공엔 비인지 능력이 더 중요해!

헤크먼은 오랜 기간 효율적 인적 자본Human Capital 투자를 연구한 학자입니다. 그는 우리나라 교육에 대해 안타까움을 표현한 바 있어요. 경제 발전에 대한 교육의 기여와 높을 교육열을 긍정적으로 평가하면서도, 한국 교육이 너무 시험을 중요시한다는 점을 우려했죠.

> "한국의 시험이 지나치게 정형화되어 있어 창의성, 끈기, 협력 같은 비인지 능력 교육이 간과되고 있는 것 같아 안타깝다."[11]

우리나라에서 강조하는 '읽고, 쓰고, 셈하기'는 인지 능력에 속해요. 헤크먼은 비인지 능력Non-Cognitive Skills이 사회적 성공에 중요한 요소라고 덧붙였어요. 헤크먼이 이야기하는 비인지 능력엔 어떤 게 있을까요? 창의성, 성실한 태도, 타인의 감정과

11. 중앙일보(2011. 8. 20), [j Biz] 제임스 헤크먼 "옛 과거시험은 폭넓은 지식 묻지 않았나".

   1장 일상 속 궁금증을 해결한 경제학자들

관점을 이해하고 공감하는 능력, 자신의 감정이나 동기를 스스로 관리하고 조절하는 자기 조절 능력, 스스로 목표를 설정하고 달성하려는 내적 의욕, 충동적인 행동을 억제하고 장기적인 목표를 위해 계획적으로 행동하는 능력, 어려움 속에서도 긍정적인 자세를 유지하고 성공할 수 있다는 믿음을 갖는 성향 등이 포함됩니다.

헤크먼은 추적 연구를 통해 인지 능력보다 비인지 능력이 사회적 성공에 더 중요한 요소임을 밝혔어요.[12] 시험을 잘 보는 사람보다 스스로 자신의 목표를 세우고, 긍정적인 자세로 끈기 있게 목표를 향해 나아가며 타인도 보살필 수 있는 창의성 있는 인재가 성공할 확률이 훨씬 높단 겁니다. 그런데 4살부터 시험 경쟁에 들어가서, 친구를 협력의 대상이 아니라 밟고 올라가야 하는 대상으로 인식하게 된다면 협력, 공감 능력 등의 비인지 능력이 길러질 수 없겠지요.

친구 간 갈등은 비인지 능력을 기르는 학습의 장이야!

유치원에서 주어진 시간 안에 정해진 영어, 수학 학습량을 채워야 하다 보니, 선생님들도 마음이 바쁩니다. 만약 점심을 먹

12. Heckman, J. J., Stixrud, J., & Urzua, S. (2006). The effects of cognitive and noncognitive abilities on labor market outcomes and social behavior. Journal of Labor Economics, 24(3), 411–482.

는데 한 친구가 다른 친구 반찬을 뺏어 먹었어요. 뺏긴 친구가 울어요. 우선은 빨리 상황을 정리하는 게 우선이니, 선생님이 다른 반찬을 주며 달래고 넘어갑니다. 하지만 헤크먼이 강조하는 비인지 능력을 기르려면 그렇게 해선 안 됩니다. 친구 사이에 생기는 이런 사소한 분쟁은 오히려 학습의 기회거든요! 이런 상황에서는 서로 어떻게 대처해야 하고 어떻게 사과해야 하는지, 다음에는 비슷한 상황에서 어떻게 하는 게 좋을지 함께 이야기하는 거예요. 비인지 능력을 기르는 학습의 장으로 삼을 수 있는 겁니다.

마음의 여유를 가지고, 주체적인 사람으로 나아가자

영유아기부터 성인까지. 교육에서 중요하지 않은 시기는 없지만, 어릴수록 투자 대비 수익률이 좋은 건 사실입니다. 특히 비인지 능력은 더욱 그렇죠. 세 살 버릇 여든까지 간다는 속담도 있잖아요. 어려서부터 '넌 무조건 시험공부만 해. 다른 건 엄마가 알아서 다 해 줄게'라고 하다 보면, 성인이 되어서도 스스로 주체적으로 사고하고 결정하기 힘들어지는 경우가 많습니다. 시험공부에만 집중해서 친구와의 갈등 해결 방법, 협력하는 법을 배우지 못하면 사회를 살아가기 어렵고요. 어릴 때부터 타인을 존중하고, 공감하고, 배려하고, 스스로 목표를 세우고 노력할 수 있도록 돕는 그런 양질의 교육으로 나아갔으면 합니다. 부모는 학습 매니저

역할을 하기보다는 주체적인 자녀가 될 수 있게 돕고, 자녀 입장
에선 부모에게 의존하기보다 스스로 책임지고 문제를 해결하려
는 의지를 가지고요! 마음의 여유를 가지고, 조금씩 노력해 봐요.

헤크먼 수정으로 선택 편향 문제를 해결하다

인적 자본 투자에 대한 연구는 헤크먼이 노벨 경제학상을 수
상한 후 주로 연구하는 분야예요. 헤크먼은 비인지 능력의 중요
성을 강조하고, 빈곤층 아동에 대한 조기 교육 투자가 가장 높
은 사회적 수익률을 가진다는 '헤크먼 곡선'을 제시해 정책적 영
향력을 발휘했죠. 헤크먼이 이런 연구를 진행하게 된 토대는 조
건, 환경, 선택 등이 결과를 어떻게 바꾸는가에 대한 문제의식
이에요. 그는 복잡한 경제학적 현상을 분석할 때 발생하는 통계
적 문제를 해결하는 데 기여한 공으로 2000년 노벨 경제학상을
수상했어요. 특히, 개인의 의사결정과 관련된 데이터를 다룰 때
생기는 '선택 편향Selection Bias' 문제를 해결할 수 있는 획기적
인 방법론을 제시했죠. 경제학 연구에서는 취업, 대학 진학, 프
로그램 참여 등 사람들이 특정 행동을 선택했을 때의 결과만 관
찰할 수 있어요. 그런데 실업자, 미진학자 등 특정 선택을 하지
않은 사람들과 선택한 사람들의 특성 자체가 달라서 연구 결과
가 왜곡되는 현상인 선택 편향이 발생합니다. 헤크먼은 이 편향
을 통계적으로 보정하고 제거하는 기법인 '헤크먼 수정Heckman

Correction'을 개발했어요. 그의 방법론 덕분에 연구자들은 고용, 교육, 사회 프로그램의 효과 등 광범위한 경제학 분야에서 더욱 정확하고 신뢰할 수 있는 인과관계를 분석할 수 있게 되었습니다.

NOBEL PRIZES

2장

부자가 되는 법을 찾은
경제학자들

1 천재 투자자도 예측하지 못한 일

로버트 머튼(Robert C. Merton, 1944~)
마이런 숄즈(Myron S. Scholes, 1941~)
1997년 노벨 경제학상 공동 수상
무위험 차익 거래, 블랙–숄즈–머튼 모형, 블랙스완

Q

얼마 전 귀고리를 하나 사고 싶어서 오랜만에 온라인 쇼핑몰에 들어가 보니, 너무 비싸더라고요? 14K로 봤는데도 말도 안 되게 비싸진 느낌이었어요. 금 가격이 많이 올랐나 찾아봤죠. 정말 말도 안 되게 올랐더라고요. 그런데 하나 발견한 건요, 국제 금 시세와 국내 금 시세가 16%나 차이가 나는 거 있죠.[13] 국내 금 시세가 비쌌어요. 똑같은 금인데, 어떻게 이런 일이 있을 수 있는 건가요?

13. 매일경제(2025.10.14), "한국 오면 다 비싸지는게 국룰"… 국제 시세보다 16% 더 비싼 금값.

  2장 부자가 되는 법을 찾은 경제학자들

국내 금 가격이 국제 금 가격보다 비싼 걸 발견했군요! 저도 조카 돌 반지를 사려니 금 한 돈3.75g에 80만 원이 넘어 혀를 내둘렀죠. 전 세계 금값이 고공 행진인 와중에, 우리나라에선 똑같은 금을 10~17%나 비싸게 사야 하더라고요. 한국에서 사려면 '웃돈'을 줘야 한단 뜻에서 '김치 프리미엄'이라고도 불러요. 이런 일이 생기는 이유는 국내의 높은 금 수요를 공급이 따라잡지 못하기 때문입니다. 국제 가격보다 국내 가격이 비쌀 땐 사지 않는 게 현명해요. 시간이 지나면 가격이 비슷하게 돌아오는 경우가 대부분이니까요.

위험 요소 없이 차익 거래를 할 수 있다면?

비트코인도 한때 해외 거래소보다 국내 거래소에서 10~20%가량 비싸게 거래된 적이 있습니다. 금은 해외로 나가서 사 오기가 힘들지만, 비트코인은 우리나라 내에서도 해외 거래소를 이용할 수 있어요. 그럼 어떤 생각이 드나요? '오, 이거 꿀인데? 싸게 사서 비싸게 팔면 돈 벌 수 있겠다!'란 생각이 들죠? 만약 해외 거래소에서 1비트코인이 1억 원이고, 우리나라 거래소에서 1억 100만 원이라고 해 봐요. 그럼, 100만 원을 남길 수 있는 겁니다. 물론 현재 우리나라에선 외국환관리법상 불법이기 때문에 절대 하면 안 되는 행동이에요. 하지만, 개념 설명을 위해 규제가 없다고 가정하고 어떻게 차익 거래를 하는지 설명해 볼게요.

국내은행
달러 환전 ▶ **해외 거래소**
비트코인 구매 ▶ **국내 거래소**
비트코인 판매

먼저 국내 은행 계좌에서 해외로 송금할 수 있는 달러를 준비해요. 그리고 바이낸스, 코인베이스와 같은 해외 암호화폐 거래소에서 국제 시세인 1억 원에 1 비트코인을 삽니다. 이후 해당 비트코인을 국내 거래소 계정으로 전송한 뒤, 국내 가격인 1억 100만 원에 바로 팝니다. 그럼 100만 원을 바로 벌어요. 전혀 위험성 없이 차익을 남길 수 있는 거래란 생각이 들잖아요? 그래서 이런 거래를 '무위험 차익 거래Arbitrage'라고 부릅니다.

이런 사람들이 많아지면요, 외국 거래소에서 비트코인을 사려는 사람이 많아지겠죠? 국내 거래소에서는 팔려는 사람이 많아지고요. 물건처럼 비트코인도 사려는 사람이 많아지면 비싸지고, 팔려는 사람이 많아지면 싸지기 마련이니 결국 가격 차이는 사라지게 돼요. 동일한 상품은 같은 가격이어야 한다는 '일물일가'의 경제 원칙이 있거든요. 같은 상품이지만 가격이 차이 나는 경우는 같은 나라 안에서도 종종 있는데요, 이런 기회를 잘 포착해서 돈을 엄청나게 번 사람들이 있습니다.

그 주인공은 로버트 머튼Robert C. Merton과 마이런 숄즈Myron S. Scholes예요. 머튼과 숄즈는 블랙-숄즈-머튼 모형을 만들었어요. 이 모형은 수학을 금융에 적용해 파생 상품[14]의 가치를 측정하는 모형인데, 이들 덕분에 전 세계 파생 상품 시장이 급성장했습니다. 이 공로로 두 사람은 1997년 노벨 경제학상을 받았죠.

전설의 LTCM, 수학만으로 돈을 벌다!

머튼과 숄즈는 같은 금융 회사에 소속되어 있었습니다. 1994년 미국의 전설적인 채권 트레이더였던 존 메리웨더John Meriwether가 설립한 LTCMLong-Term Capital Management라는 금융 회사였죠. 메리웨더가 회사를 설립하기 전부터 머튼과 숄즈는 이미 '블랙-숄즈-머튼 모형'으로 유명했어요. 이 덕분에 월가엔 수없이 많은 파생 상품이 쏟아져 나왔고 금융 회사들은 엄청난 수익을 올렸거든요. 이러니 당시 머튼과 숄즈는 얼마나 슈퍼스타였겠어요! 메리웨더는 둘을 발 빠르게 영입합니다. LTCM은 그야말로 수학적 계산을 잘하는 경제학 천재들이 모인 집단이 되었죠.

LTCM은 신비로웠습니다. 1990년대만 해도 무언가에 투자하려면 발품을 팔았어야 했는데 그들은 사무실에만 틀어박혀 정말 고요했습니다. 사무실에서 수학적 계산만 하고 있었거든요. 무얼 계산했느냐. 국내 금 시세와 국제 금 시세가 다른 것처럼, 같

---

14. 주식, 채권, 금과 같은 기초자산의 가치 변동으로 파생된 금융 상품.

은 상품인데 가격이 다르게 책정된 상품을 찾았어요. 바로 수학
적 계산으로요.

　국가가 돈을 빌리면서 언제 얼마를 갚겠다고 정해 두며 주는
증서를 '국채'라고 하는데요. 이론상 채권의 만기일이 같으면 가
격도 같아야 합니다. 하지만 이들은 만기가 같고 금액도 같은 채
권인데 한 채권이 더 비싸게 팔리는 걸 발견합니다.

구분	채권 A (새 채권)	채권 B (헌 채권)
만기일	2030년 12월 31일	2030년 12월 31일
시장 가격	$100.5	$100.0

　두 채권은 만기일이 같으므로, 이론적으로 가격이 100달러
로 같아야 해요. 하지만 채권 A가 최근에 발행되어 거래가 더 활
발하다는 등의 이유로 시장에서 일시적으로 0.5달러 더 비싸게
팔리고 있는 상황이었던 거예요. LTCM은 이 차이를 보고 채권
B를 대량으로 구매합니다. 수학 계산을 잘하는 경제 천재들이
채권 B의 가격이 오를 걸 확신한 거예요. 지금은 채권 A가 더 잘
팔리지만 곧 더 저렴한 채권 B를 살 거란 걸 예측한 거죠. 동일
한 상품은 가격이 다르더라도, 점차 같은 가격으로 수렴하게 되
어 있다는 경제 원칙을 믿은 거예요.

　이건 매우 간단한 예시고요, 이들은 같은 가치를 가진 금융
상품인데 가격이 다른 상품을 엄청 잘 찾아냈어요. 수학적 계산

　　　　　　　　2장 부자가 되는 법을 찾은 경제학자들

으로요. 여기서 천재들의 포인트가 하나 더 있어요. 이들은 시세 차이가 나는 걸 잘 찾아낸 다음에 아주 큰 돈을 베팅했어요. 자신들의 돈이 10만큼 있으면 빚을 300 정도 내서 투자하곤 했대요. 하나당 차익이 작기 때문에 돈을 많이 벌려면 들어가는 돈이 많아야 했던 거예요. 이렇게 부채를 끌어와 투자의 수익을 높이는 걸 레버리지Leverage라고 합니다.

희박한 확률로 일어날 수 있는 일에 대한 대비도 필요해

뉴욕의 월가에서는 LTCM 수익의 원천이 궁금했어요. 그들은 조용히 사무실에서 나오지도 않는데, 어떻게 저렇게 수익을 낼까 신기해했죠. LTCM의 사람들은 시장을 언제나 수학 공식처럼 정확하게 예측할 수 있다며 의기양양했어요. 그리고 더 높은 수익률을 바라며 레버리지를 점점 더 많이 쓰게 되었죠. 세상을 다 가진 것 같았을 겁니다. 하지만 세상은 수학 공식만으로 예측할 수 있는 게 아니었습니다. 1998년, 그들은 위기를 맞습니다. 잘못된 선택을 했거든요. 러시아 국채에 투자했는데, 러시아가 당분간 돈을 못 갚는다고 선언모라토리엄하는 일이 발생한 거예요. LTCM의 사람들은 가진 돈보다 훨씬 많은 돈을 투자했었는데, 손실이 크게 발생하자 한순간에 파국을 맞습니다.

수학적 모델로 완벽하게 계산했다고 생각했지만 희박한 확률로 일어날 수 있는 일에 대한 위험은 전혀 대비가 되어 있지 않았던 겁니다. 도저히 일어날 것 같지 않던 일이 실제로 일어나서 모든 것을 바꿔버리는 사건을 '블랙스완'이라고 불러요. 블랙스완이 나타난 셈이죠. 예상치 못한 충격에 머튼과 숄즈는 개인적으로 투자했던 자산은 물론 평생 쌓아온 명성도 전부 날렸습니다.

안정적으로 돈을 벌고 싶으면서, 수익률도 높기를 바라면 안 됩니다. LTCM은 노벨 경제학상 수상자들이 만든 완벽한 수학 모델을 믿었지만, 그 모델이 러시아의 갑작스러운 모라토리엄 같은 블랙스완 사건을 예측하지 못했기 때문에 파산 위기에 처했던 것이죠. 일어날 수 없을 듯 희박한 일도 언제든지 일어날 수 있다는 것을 기억하고, 예상치 못한 충격에 대비해야 한다는 걸 기억해야 해요.

목표에 기초한 투자를 하자

노벨 경제학상을 받고 LTCM에서 엄청난 수익을 올리며 승승장구하다 한 방에 자산이 날아가는 경험을 한 머튼. 이제 할아버지가 된 머튼의 관심사는 '목표에 기초한 투자'를 통해 위험을 관리하고 안정적인 현금 흐름을 만들어 내는 재무 설계를 하는 겁니다.[15] 젊은 시절의 그는 완벽한 수학적 계산으로 수익률 예

15. Merton, R. C. (2007). The future of retirement planning. The Future of Life-Cycle Saving and Investing, Research Foundation of CFA Institute, 5-14.

측이 가능하다고 믿었었지만, 이젠 수학적 모델은 완벽하지 않다고 강조해요. 평가 모형은 투자의 참고 사항일 뿐이란 거죠. 아무리 과거에 수익률이 좋았다고 하더라도 앞으로 계속되리라는 보장은 없단 겁니다.

이젠 정말 100세, 그 이상도 살게 되는 시대가 되었습니다. 80세가 넘은 1944년생 머튼도 여전히 건강하게 연구하고 있어요! 그런데 오래 사는 게 축복이 되려면, 전제가 필요합니다. 노후 준비가 되어 있어야 하는 거죠. 몸이 아프면 제때 치료를 받아야 하고, 먹고 싶은 게 있으면 먹을 수 있어야죠. 100세까지 산다고 가정하면, 20대 후반~30대 초반부터 일해서 60세 정도에 은퇴할 경우 30년 정도 일하는 거잖아요. 그러니까 미리 목표를 세우고 그에 맞는 투자를 효율적으로 하는 게 중요한 겁니다.

머튼은 은퇴 후 목표 수입을 정해두고 개개인에게 맞춤화된 은퇴 계획을 세우라고 얘기해요.[16] 그에 맞춰 안전 자산과 위험 자산의 비중도 조절하라고요. 인생에서 중요한 변화가 생기면 그에 맞추어 목표를 바꾸고 투자 계획도 변경하라고 말합니다. 여러 경험을 해 본 사람이라는 것을 알고 있으니까 진정성 있는 조언이라 느껴지죠?

16. Merton, R. C. (2014). The crisis in retirement planning. Harvard Business Review, 92(7/8), 43–50.

2 손실 난 주식은 왜 팔기 어려울까?

대니얼 카너먼(Daniel Kahneman, 1934~2024)
2002년 노벨 경제학상 수상
전망 이론, 보유 효과, 손실 회피

Q

TV 프로그램에서 흥미로운 실험을 봤어요. 간단한 퀴즈를 풀면 로또를 주는 행사를 하면서 참여자들에게 로또 1장을 구매한다면 얼마까지 지불할 의향이 있느냐고 물었어요. 100원이어도 안 산다는 사람부터 5천 원까지, 답은 다양했습니다. 어쨌든 사람들은 퀴즈를 풀고 로또를 받아 갔어요. 그런데 이후 제작진이 행인인 척 다가가서 로또를 팔 의향이 있는지 묻자 신기하게도 1만 원은 받아야 팔겠다는 사람이 많았어요. 5천 원 이하여야 산다던 사람들이 갑자기 비싼 값에 팔겠다니! 알다가도 모를 사람들 마음, 대체 왜 이런 걸까요?

사람들의 심리를 제대로 파헤치는 재밌는 실험 카메라였네요. 당근마켓에도 가끔 보면, '어쩜 저렇게 낡은 물건을 저렇게 비싸게 올려놓지?'하는 경우가 있는데요. 자신이 보유하고 있던 물건은 애착이 생기고 더 가치를 높게 생각하게 되어서 그래요. 이런 걸 '보유 효과Endowment Effect'라고 하죠. 요즘은 스마트폰의 앱 중에 '한 달 무료 체험'이 많지 않나요? 푸시 광고로 '한 달 무료'라길래 앱 설치를 눌렀더니, 한 달 후부터 정기 결제되도록 카드 번호를 입력하라고 하고요. 뭐, 나중에 해지하지 뭐라고 하곤 한 달 무료로 써 봅니다. 그러다 계속 쓰고 있는 자신을 발견한 적 없으신가요? 무료 체험 마케팅. 바로 이런 보유 효과를 이용하는 겁니다. 내 것 같았는데 그게 갑자기 사라진다고 하면 너무 가슴이 아프죠. 실제로 얻을 때의 기쁨보다 잃을 때의 상실감이 훨씬 크게 느껴진다고 해요. 이런 걸 '손실 회피Loss Aversion'라고 불러요.[17]

손실 난 주식을 못 파는 이유[18]

돈과 관련한 심리를 연구한 심리학자가 있어요. 2002년 노

17. Tversky, A., & Kahneman, D. (1991). Loss aversion in riskless choice: A reference-dependent model. The Quarterly Journal of Economics, 106(4), 1039–1061.

18. Kahneman, D., Knetsch, J. L., & Thaler, R. H. (1991). Anomalies: The endowment effect, loss aversion, and status quo bias. Journal of Economic Perspectives, 5(1), 193–206.

벨 경제학상을 수상한 대니얼 카너먼Daniel Kahneman입니다. 카너먼은 아모스 트버스키Amos Tversky와 함께 사람들이 같은 액수의 이익보다 손실을 2배~2.5배 크게 느낀다는 걸 실험을 통해 밝혔어요.[19]

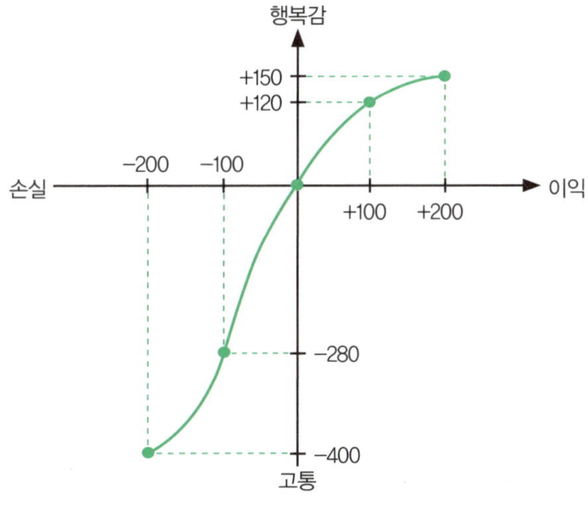

이익과 손실에 따른 행복과 고통

가령, 100만 원의 이익을 얻었을 때 행복감이 120이라면, 똑같은 금액인 100만 원을 잃었을 때 고통을 280만큼 느낀다는 겁

19. Kahneman, D., & Tversky, A. (1979). Prospect theory: An analysis of decision under risk. Econometrica, 47(2), 363–391.

니다. 100만 원을 얻는 것보다 100만 원을 잃는 게 훨씬 슬픈 그 마음, 잘 나타나죠?

카너먼은 손실 본 주식을 못 파는 이유가 바로 이 손실 회피 때문이라고 해요. 100만 원에 산 주식 A와 주식 B가 있다고 해 봐요. 6개월이 지난 현재, 주식 A는 130만 원이 되었고, 주식 B 는 50만 원이 되었습니다. 둘 중 한 주식은 팔아야 하는 상황이 라면 여러분이라면 어떤 주식을 파시겠어요?

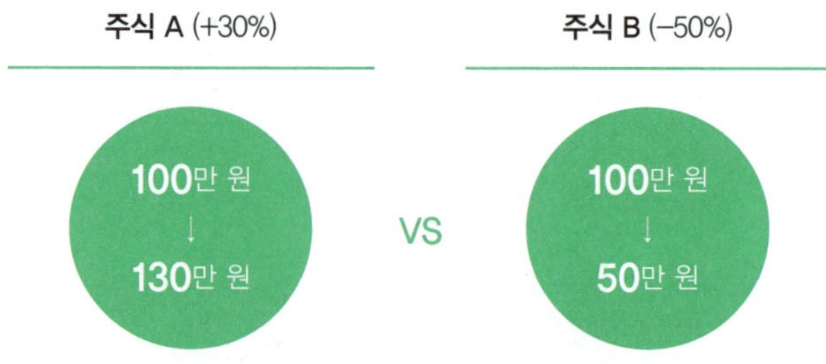

이 경우 보통은 30% 이익이 난 주식 A를 팔겠다고 하면서 주식 B는 좀 더 기다리면 다시 올라갈 수 있을 테니 기다리겠다 고들 합니다. 50%나 손실 난 주식 B를 팔면 바로 50만 원 손실 이 확정되니까요. 물론 주식 B가 괜찮은 회사고, 잠시 경기를 타 고 있는 거라면 기다리는 게 맞습니다. 카너먼이 얘기하는 건, 주식 B 기업이 안 좋은 상황임에도 불구하고 올라갈 거라는 막 연한 믿음을 가지고 손실을 회피하면 안 된다는 거예요.

확증 편향과 군중 심리를 조심해라!

주가가 떨어졌어도 팔기 전까지는 다시 주가가 오를 수 있다는 기대를 할 수 있지만, 파는 순간 손실이 확정됩니다. 손실을 확정하는 게 두렵다 보니, 주식 B에 대한 부정적인 정보는 애써 회피하고, 주식 B에 대한 긍정적인 정보만 골라 보게 되죠. 유튜브에서도 주식 B에 대해서 좋은 이야기를 하는 유튜버 말만 믿고요. 이런 걸 '확증 편향Confirmation Bias'이라고 합니다. 자신이 맞다고 생각하는 정보면 편향적으로 받아들이는 거죠. 요즘은 개별화된 알고리즘에 의해서 자꾸 비슷한 것만 띄워 주니까 점점 그게 맞다고 확신하게 됩니다. 카너먼은 이런 확증 편향을 주의해야 한다고 해요. 만약 주식이 경기에 의해 움직인 것이 아니라 기업 자체에 리스크가 있어서 내려간 거라면 빨리 파는 게 손실을 줄이는 길이라는 겁니다.

천체의 움직임은 예측할 수 있지만, 사람의 광기는 예측할 수 없다

"○○는 주식으로 200% 수익 났대!"라는 이야기가 들리면, 어쩐지 나도 따라 하고 싶은 마음이 듭니다. 카너먼은 이런 말에 흔들리지 말라고 합니다. 남들이 사는 걸 따라 사는 '군중 심리'에 휩싸이지 말라는 거죠. 여기에 다른 사람이 수익을 많이 봤다고 하면 어쩐지 질투가 생기는 사람의 심리는 또 어쩌나요. 질투에 눈이 멀면 나도 확 지르게 되는 거죠.

2장 부자가 되는 법을 찾은 경제학자들

여러분이 잘 아는 천재 과학자 아이작 뉴턴Isaac Newton도 그랬어요. 그는 1720년경 영국의 남해회사 주식에 투자했었어요. 남해회사는 영국 정부의 빚을 인수하는 대가로 무역을 독점할 수 있는 권리를 받았던 회사예요. 영국 국왕을 비롯해 유명인들이 대거 투자에 참여하면서 130파운드 정도 했던 주가가 수개월 만에 400파운드가 되었어요. 뉴턴은 기뻐하며 주식을 팔아 수익을 챙겼습니다. 그런데 남해회사 주가가 점점 올라가는 거예요. 또다시 수개월 만에 1,000파운드에 육박했죠.

안 팔고 가지고 있었던 다른 친구들은 엄청 부자가 되어가는데, 뉴턴은 손해 본 것 같은 느낌이 들었어요. 그래서 뉴턴은 전 재산을 몰아넣었는데요, 결국 남해회사 주가가 곤두박질치면서 파산했어요. 그는 이 사건 이후 이런 말을 남깁니다.

"천체의 움직임은 예측할 수 있어도, 사람의 광기는 예측할 수 없다."

투자에서 질투는 나의 적

누군가 투자로 크게 돈을 벌었다는 소문이 들리면 솔깃합니다. 그런 사람들이 많아질수록 나만 돈을 못 벌고 있는 건 아닌지 두렵기도 하죠. 이런 두려움을 'FOMOFear of Missing Out 증후군'이란 신조어로 부릅니다. 포모에 휩싸이면 우린 잘못된 선택을 하기 쉽습니다. 우리 마음엔 옆 사람이 갑자기 잘되면 시기, 질투가 생기는 심리가 있기 마련이거든요. 우리 속담에 '사촌이 땅을 사면 배가 아프다'란 말이 있잖아요? 자연스러운 심리현상인데, 이에 휩싸이면 내게 좋지 않아요. 자연 현상을 수학법칙으로 설명한 뉴턴마저도 이성적으로 판단하지 못했잖아요.

다른 사람들이 이미 주식, 가상 화폐, 부동산 투자에 몰려 있다는 건 가격이 올라가 있단 의미죠. 다른 사람들이 돈을 벌었다는 얘기를 들으면 조바심을 갖게 되고 섣부르게 투자하게 될 가능성이 큰 거예요. 일상생활에서는 질투가 힘이 되기도 해요. 친구가 했는데 나라고 못 할 게 어덨냐며 열심히 도전하면 실력이 향상되고 발전되는 원동력으로 작용하는 경우가 많잖아요. 하지만 투자에서 질투에 의한 의사 결정은 위험하고, 잘못된 결과로 이어질 가능성이 크단 걸 기억해야 합니다.

2장 부자가 되는 법을 찾은 경제학자들

카너먼과 트버스키의 우정

카너먼은 심리학 연구의 통찰을 경제학에 통합해서, 사람들이 불확실성 하에서 어떻게 의사 결정하는지 이해를 높인 공로로 2002년 노벨 경제학상을 받습니다. 카너먼은 트버스키와 함께 사람들이 경제적 결정을 내리는 방식을 이해하기 위해 인지 심리학을 활용해서, 편향과 오류의 패턴을 찾아냈습니다. 두 사람의 연구는 전망 이론Prospect Theory이라는 새로운 경제학 분야를 만들었죠. 전망 이론은 투자 심리를 이해하는데 유용하고, 마케팅에도 많이 쓰입니다.

안타깝게도 트버스키는 1996년 사망했기에 수상하지 못했습니다. 카너먼은 노벨 경제학상을 수상하면서, 트버스키의 기여에 깊이 감사하는 마음을 표현했어요. 이후에 출간한 저서『생각에 관한 생각Thinking, Fast and Slow』서문에서도 다음과 같이 트버스키에 대한 고마움을 표현했습니다. 그들의 진심 어린 우정, 정말 감동적이죠?

> "판단과 의사결정에 대한 우리의 협력이야말로 제가 2002년에 받은 노벨상의 이유입니다. 아모스 트버스키가 1996년에 59세의 나이로 사망하지 않았다면, 그는 이 상을 저와 함께 받았을 것입니다."

3. AI로 요동치는 시장, 거품일까?

로버트 쉴러(Robert J. Shiller, 1946~)
2013년 노벨 경제학상 수상
버블 측정, CAPE

Q

투자의 전설, 워런 버핏이 2025년 주주총회에서 버크셔 해서웨이 회장에서 물러나겠다고 하셨더라고요? 그리고 "미국 시장은 절정에 달했습니다. 영원하지 않은 것엔 끝이 있습니다."란 말도 하셨고요. 지금, 미국 시장이 과열되어 있단 뜻인가요? 요즘 여기저기서 AI 버블이란 얘기도 있는데 진짜예요?

와, 버크셔 해서웨이 주주총회 영상을 찾아봤군요! 워런 버핏Warren Buffet은 현재 미국 시장이 과열되어 있다고 판단하고 있는 듯합니다. '미국 시장이 절정에 달했다. 이런 시기가 오래 갈 수는 없다.'라는 표현을 여러 차례 했거든요. 버크셔 헤서웨이의 현금 보유 비중도 사상 최대라고 하는데요, 미국 주식시장이 현재 고평가 상태일 수 있다는 판단일 수도 있을 겁니다. 버핏이 이런 표현을 했던 게 역사적으로 여러 시점이 있었어요. 2001년 IT 버블이 절정에 달했을 때, 2007년 주택 시장 버블이 절정에 달했을 때도 경고했었죠.

버핏 지수로 버블을 확인할 수 있어!

버핏은 '주식시장의 시가총액[20]을 GDP[21]로 나눈 값'으로 버블을 대강 가늠할 수 있다고 했어요. 시가총액은 그 나라 주식시장의 평가액이고, GDP는 그 나라 실물경제의 평가액이라고 할 수 있죠. 버핏이 언급한 이후로 유명해져서 '버핏 지수'라고 부르는데, 한마디로 정리하면 실물 경제에 비해 금융 시장이 어느 정도로 평가되어 있나를 보는 겁니다. 일반적으로 이 비율이 80% 아래면 저평가, 80~100%면 적정, 100%를 초과하면 고평

---

20. 주식시장에 상장된 주식들(주가×주식 수)의 총합.
21. 1년간 한 나라에서 생산된 최종 생산물의 시장 가치 총합.

가되었다고 봐요. 하지만 이런 의문이 들 수도 있어요. 버핏 지수도 그냥 한 사람의 평가가 아닌가 하는 생각 말이죠. 하지만 놀랍게도 버핏 지수가 높아진 후에는 경제 위기가 온 경우가 많았답니다.

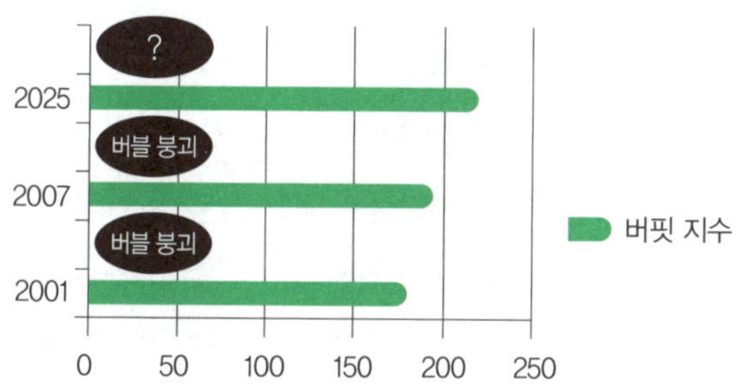

2001년에 워런 버핏이 '지금 미국 주식시장 버블이 심한 것 같다', 'GDP 대비 시가 총액 비율이 사상 최대 수준이다'라면서 경고했었는데 당시 버핏 지수가 180%였어요. 그때가 딱 IT 버블 붕괴 직전이었고, 워런 버핏이 경고한 이후 바로 버블이 붕괴되었어요. 2007년에 미국 주택 시장 버블이 있었죠. 그땐 버핏 지수가 195%까지 치솟았어요. 그러고 나서 2008년 금융 위기가 왔어요. 2025년 10월 현재 버핏 지수는 200%를 훌쩍 넘겨 버린 상황입니다. IT 버블 때보다 높은 수준이죠. 보통 100%를 초과하면 거품을 우려하기 시작하는데, 그 두 배라니! AI 열풍에 대해 'AI 버블'이라고 하는 사람들이 있는데요, 그들은 1990년대 말 닷컴 버블과 현재 상황이 유사하다고 경고해요. 이때 버핏 지수도 꼭 등장하죠. 막대한 투자와 기대가 아직 실질적인 수익이나 생산성 향상으로 충분히 연결되지 않고 있기에 실제 경제 규모인 GDP 대비해서 주식시장 규모가 너무 고평가되어 있는 거라고요.

과거의 이익으로 버블을 측정한 쉴러

워런 버핏 말고 버블을 측정하고자 한 경제학자는 없었을까요? 있었어요! 자산 가격의 거품과 투자자의 비이성적인 행동에 대해 오랫동안 연구한 경제학자 로버트 쉴러Robert J. Shiller. 그는 주식시장에서의 비이성적 행동과 그로 인한 버블을 연구한 성과로 2013년 노벨 경제학상을 수상했어요. 쉴러도 버핏과 마찬가지로 2001년 IT 버블과 주택 시장 버블 당시 위험성을 경고했었어요.[22] 쉴러는 존 캠벨John Y. Campbell과 함께 CAPECyclically Adjusted Price-to-Earnings란 지수로 버블을 측정합니다.

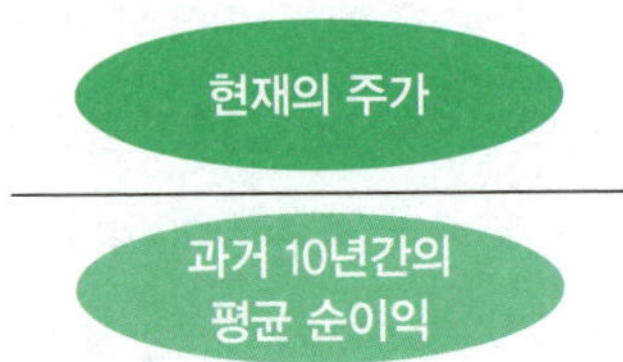

22. Shiller, R. J. (2015). Irrational exuberance: Revised and expanded third edition. Princeton University Press.

　CAPE는 현재의 '주가'를 과거의 '이익'으로 나눠서 계산하는 거예요. 이때 사용하는 이익은 과거 10년간의 평균 순이익이고요. 10년이면 엄청 긴 시간이잖아요. 그래서 기업이 가지고 있는 장기 이익 창출 능력 대비 주가 수준을 평가해 볼 수 있는 거예요. 왜 기업 이익에 대한 미래 추정치를 사용하지 않나 의아할 수도 있는데요. 쉴러는 기업들의 이익 창출 능력에 '경로 의존성 Path Dependence'이 있다고 생각해서 과거 자료를 사용하는 겁니다.[23]

쉴러가 말하는 경로 의존성

　경로 의존성은 어떤 제도, 관습 같은 게 우연한 계기나 처음의 선택에 의해 특정한 방향으로 정해지면, 시간이 지나도 그 경로를 쉽게 벗어나지 못하고 지속되는 현상을 말합니다. 예를 들어 어느 나라에서 우연히 혹은 처음에 자동차가 오른쪽으로 통행하기로 정하면, 이후에도 계속 그렇게 고정될 가능성이 크겠죠. 과거 선택이 미래에도 영향을 꽤 미친다고 볼 수 있는 겁니다. 신기술 개발이나 설비 투자는 보통 시차를 두고 이익 증가로 이어지는 경우가 많잖아요? 그러니까 현재의 이익은 과거에 행

23. Campbell, J. Y., & Shiller, R. J. (1988). Stock prices, earnings, and expected dividends. The Journal of Finance, 43(3), 661–676.

해진 일과 무관하지 않은 거죠. 이런 점에서 과거의 장기 이익 창출 능력이 미래 성과에 영향을 준다고 생각한 겁니다.

경로 의존성 개념을 경제사에 적용하기 시작한 사람은 1993년 노벨 경제학상을 수상한 더글러스 노스Douglass C. North인데요, 쉴러도 이 부분에서 노스의 생각을 따른 걸로 볼 수 있어요. 로버트 쉴러는 19세기 후반부터의 CAPE 값을 자신의 홈페이지에 제시하고 있어요. 그때부터 살아계셨단 뜻은 아니고, 옛날 데이터들을 모아서 CAPE 값을 만들어둔 거죠.

2025년 9월 말 미국 주식시장 전체를 대변한다고 볼 수 있는 S&P 500의 CAPE 값은 38.85배예요. 2001년 IT 버블 때는 44.2까지 갔었으니까 그때보다는 낮지만 꽤 높은 편입니다. 과거 10년 평균 이익과 비교하면 지금의 주가가 많이 높은 편이란 거죠.

요즘 미국 주식시장을 주도하는 기업들은 대체로 테슬라, 엔비디아, 팔란티어 같은 빅테크 기업이잖아요! 이건 과거로부터 검증되기 힘든 속성이 있는 산업이라, 미래 성장성을 보고 투자하고 있는 거라고 생각되긴 합니다. 빅테크 기업은 과거 10년의 이익과 미래의 이익이 많이 다를 수 있으니까요. 지금처럼 사업 환경이 급격히 변할 가능성이 큰 상황에선 설명력이 떨어집니다. 이런 산업은 과거의 이익과 미래의 이익 사이에 경로 의존성이 거의 작동하지 않을 테니까요.

주식, 채권의 장기적 가격 움직임은 예측할 수 있어

그래서 예측이 가능하다는 걸까요, 아니라는 걸까요? 쉴러는 '주식, 채권 등 자산 가격의 광범위한 동향을 장기적인 관점에서 예측할 수 있다'는 것을 증명해 '자산 가격의 실증적 분석'에 기여한 공로로 2013년 노벨 경제학상을 수상했어요. 그는 광범위한 역사적 데이터 분석을 통해 주식 가격 변동의 많은 부분이 투자자들의 비이성적 기대나 군중 심리에 의해 발생한다는 것을 보여 주었어요. 투기 거품인거죠. 행동경제학적 관점을 금융 시장에 도입했다고 볼 수 있습니다. 단기적인 자산 가격의 움직임은 예측 불가능하지만, 배당수익률Price-to-Dividend Ratio 등의 지표를 활용하면 주식과 채권 가격의 장기적인 움직임은 어느 정도 예측할 수 있음을 실증적으로 보여 주었어요.

어떤 자세로 버블을 대해야 할까?

버핏 지수와 쉴러의 CAPE 지수에 의하면 우리가 사는 지금은 버블이 맞아요. 그렇다면 우리는 버블을 어떻게 대해야 할까요? 버블을 대하는 자세도 투자자마다 다른데요. 워런 버핏은 버블을 경계하라고 하지만 투자 회사를 운영했던 조지 소로스George Soros는 버블을 적극적으로 이용하라고 해요.

2장 부자가 되는 법을 찾은 경제학자들

'버블을 이용하라' VS '버블을 경계하라' 밸런스 게임을 한다면 여러분의 선택은 어떤가요? 저는 '버블을 경계하라'를 추천해요. 조지 소로스의 오른팔이자 전설의 투자자인 스탠리 드러켄밀러Stanley Druckenmiller도 달리는 마차에 올라타다 한번에 자산을 날렸거든요. 2000년, IT 버블의 정점에서 투자했다가 6주 만에 30억 달러, 우리 돈으로 약 4조 원을 잃은 거예요. 앞서 아이작 뉴턴도 버블에 투자했다 파산했다고 했잖아요? 천재 과학자도, 전설의 투자자도 굴복시킨 버블의 유혹은 정말 무섭습니다. 버블을 측정하는 버핏 지수와 로버트 쉴러의 CAPE 지수를 살펴봤지만, 모두 참고 사항일 뿐, 지금이 버블인지 아닌지 아무도 알 수 없어요. 버블이라고 해도 바로 터지지 않고 당분간 지속될 수도 있는 거고요.

"영원하지 않은 것엔 끝이 있다"는 버핏의 이야기 기억하나요? 미국 시장은 여전히 좋지만요, 언제까지나 계속 좋기만 하긴 힘들다는 것도 기억할 필요가 있을 거예요.

4 시장은 예측이 가능할까, 불가능할까?

유진 파마(Eugene F. Fama, 1939~)
2013년 노벨 경제학상 수상
효율적 시장 가설, 펀드

Q

서점에 가면 투자에 관한 책이 정말 많아요. 부자 되는 법을 소개하는 투자서가 많은데, 방법은 모두 다르더라고요. 교과서에선 분산투자를 강조하지만 투자 고수들은 집중투자를 권하는 경우가 많아요. 시장은 효율적이니 시장 전체에 분산해서 투자하는 게 낫다는 의견과 시장은 비이성적이니 그 사이에서 기회를 잡아야 하므로 집중투자가 필요하단 의견으로 갈리는 건데요. 뭐가 맞을까요?

2장 부자가 되는 법을 찾은 경제학자들

'시장은 효율적인가?' 경제학자들의 오랜 관심사였죠. 시장에 있는 모든 사람은 합리적 결정을 내리므로 어떤 투자자도 장기적으론 시장을 이기기 어렵다고 생각한 학자들이 있어요. 비이성적인 선택을 하는 사람들은 거의 없고, 모두 완전히 합리적으로 자신에게 유리한 선택을 하고 있단 거예요. 주식시장의 평균 수익률보다 높은 수익을 내기 위해선 과도한 위험을 감수할 수밖에 없다고 생각하고요. 이런 흐름을 집대성한 경제학자가 유진 파마Eugene F. Fama예요.

시장은 효율적이니까 시장 전체에 투자해

파마의 이론을 '효율적 시장 가설Efficient Markets Hypothesis'이라고 하는데요, 주식시장은 매우 효율적이어서 미래에 주가가 어떻게 될지 예측하는 건 의미가 없다고 주장했어요.[24] 미국인 최초로 1970년 노벨경제학상을 수상한 폴 사무얼슨Paul A. Samuelson도 파마의 이론을 지지했죠. 주가엔 과거, 현재, 미래의 모든 정보가 반영되어 있다고요. 그래서 주식시장에서는 시장의 평균 수익을 넘어서는 초과 이익을 얻기도 어렵고, 고수익을 얻으려면 고위험을 감수해야 한다고 했죠.

24. Fama, E. F. (1970). Efficient capital markets: A review of theory and empirical work. The Journal of Finance, 25(2), 383–417; Fama, E. F. (1991). Efficient capital markets: II. The Journal of Finance, 46(5), 1575–1617.

핵심은 시장의 결정이 가장 효율적이란 거죠. 이들이 주장하는 게 바로, 시장 전체에 투자하는 겁니다. 시장 전체에 투자한다는 게 뭐냐고요? 주식시장에 상장된 모든 주식을 다 사는 거예요.

그게 가능하냐고요? 네, 그럴 수 있습니다. 효율적 시장 가설을 주장한 유진 파마, 그의 이론을 믿은 사람들은 시장 전체에 투자하기 위해 미국 주식시장에 상장된 모든 기업의 주식을 담은 펀드를 만들었습니다. 여러 사람의 돈을 모아서 투자하는 게 '펀드'인데, 모인 돈으로 미국 시장에 상장된 모든 주식에 투자하는 겁니다. 이 펀드를 사면 모든 주식을 조금씩 갖게 되는 거예요. 이런걸 '패시브 인덱스 펀드Passive Index Fund'라고 불러요. '패시브'는 '수동적인'이란 뜻이잖아요? 즉 시장 전체를 사서 '시장을 따라간다'는 의미인 겁니다.

1972년 미국 웰스파고 은행이 처음 만들고, 1976년 존 보글John C. Bogle이 미국 주식시장 시가총액 1등부터 500등까지의 기업들을 모아 둔 S&P500 인덱스 펀드를 만들었어요. 요즘은 인덱스 펀드를 ETF 형태로 만들어 놨죠. ETF는 펀드는 펀드인데,

주식처럼 사고 팔 수 있도록 주식시장에 상장시켜 둔 거예요. 인덱스 펀드의 창시자 격인 존 보글은 투자자들이 시장에서 바쁘게 움직이고 애써 봤자 장기적으로 시장의 평균 수익률보다 더 높은 수익을 얻기는 어렵다고 생각해요.[25]

시장은 미스터 마켓이야

이들과는 달리, 워런 버핏의 스승 벤저민 그레이엄Benjamin Graham은 시장을 미스터 마켓이라는 가상의 인물로 만들어 설명합니다.[26] 미스터 마켓은 두 얼굴이 있어요. 어느 날은 너무 들뜨고 기분이 좋아서 A사 주식을 100만 원에 사라고 해요. 그러다 어느 날은 기분이 나빠서 똑같은 A사 주식을 1만 원에 팔라고 한단 거예요. 날마다 엇갈린 얘기를 해서 투자자를 혼란에 빠뜨리는 가상의 사람이 미스터 마켓이란 거죠. 전혀 효율적이지 않은 미스터 마켓. 하지만, 때로 이 사람은 주식을 싸게 살 기회와 비싸게 팔 기회를 주기도 해요. 그가 비싸게 사라고 할 땐 사지 말고 팔고, 싸게 팔라고 남들을 부추길 때 사면 된다는 겁니다.

25. Bogle, J. C. (2017). The little book of common sense investing: The only way to guarantee your fair share of stock market returns. John Wiley & Sons.
26. 벤저민 그레이엄 저, 이성민 번역 (2025) 『현명한 투자자』, 국일증권경제연구소.

반대인 게 둘 다 맞다?

'유진 파마와 벤저민 그레이엄 둘 중 누가 맞았는가?'라고 물으면 답은 없어요. 둘 다 맞거든요. 시장은 '대체로' 효율적이지만, '때때로' 미스터 마켓이 되기도 해요. 그래서 싸게 사고 비싸게 팔 기회가 주어지기도 합니다. 하지만 그 기회를 포착하려면 평소에 공부를 많이 해서 기업의 내재 가치를 평가할 수 있는 안목이 있어야 해요. 다른 사람의 말에 휩쓸리면, 미스터 마켓의 잘못된 유혹에 휩쓸려 비싸게 사고 싸게 파는 실수를 하게 되기 마련이거든요.

워런 버핏은 시장이 미스터 마켓이라고 생각해요. 그래서 본인은 싸게 살 기회를 포착해서 투자합니다. 하지만 자신처럼 기업의 내재 가치에 대한 안목이 있는 사람이 아니라면, 차선책으로 존 보글이 얘기하는 '패시브 인덱스 펀드'를 꾸준히 매달 사 모으는 게 좋을 수 있다고 얘기합니다. 자신의 아내에겐, 자신이 죽으면 상속 자산의 90%를 패시브 인덱스 펀드에 투자하라고 유언장에 적은 걸 보면 진심이라 느껴져요. 존 보글이 패시브 인덱스 펀드를 만든 초기엔, 시장 평균을 그대로 따라가는 건 '게으른 투자Lazy Investing'라며 조롱하는 사람들이 있었어요. 하지만 시간이 흐르며 장기적 성과가 '꽤 괜찮다'는 게 증명됐죠.

버핏은 금융 회사 대표인 테드 세이즈Ted Seides와 내기를 하기도 했어요.[27] 세이즈는 개인 투자자가 시장을 이길 수 있다는 의견을 가지고 있었거든요. 버핏은 세이즈에게 다음과 같이 제안합니다.

> "난 2008년부터 2017년까지 10년 동안 미국 시장 전체를 사는 패시브 인덱스 펀드를 살게. 넌 너희 회사의 몇몇 펀드에 투자해 봐. 그리고 수익률을 비교해 보자."

인덱스 펀드에 투자한 버핏과 개별 펀드 5개에 투자한 세이즈. 결과는 버핏의 완벽한 승리였어요. 10년 동안 시장을 따라가는 패시브 인덱스 펀드는 125.8% 상승한 반면, 세이즈가 투자한 5개 펀드의 평균 수익률은 31.3%였거든요. 패시브 인덱스 펀드는 전문 지식이 필요하지 않아요. 시장 전체에 투자하는 것이니까요. 장기적으로 신뢰할 수 있는 수익률을 추구하는 사람에게는 버핏의 조언이 적용될 수 있을 겁니다.

시장이 효율적이라는 것을 증명한 유진 파마

유진 파마는 주식 가격이 장기적 추세나 과거 패턴에 의존하지 않고 랜덤으로 걷는 것Random Walk처럼 움직이므로, 전문가

---

27. Bloomberg (2017. 5. 3), "Why I Lost My Bet With Warren Buffett".

라 할지라도 시장을 꾸준히 이길 수 없다는 결론을 내렸습니다. 이는 전 세계 인덱스 펀드 시장의 성장에 결정적인 영향을 미쳤지요. 파마는 자산 가격의 경험적 분석에 대한 공로로 2013년 노벨 경제학상을 수상했어요.

노벨 위원회는 파마가 효율적 시장 가설 개념을 정립하고, 시장 가격이 공개된 정보를 신속하게 반영한다는 아이디어를 실증적으로 검증했으며, 그의 연구 결과는 인덱스 펀드와 같은 패시브 투자 방식에도 큰 영향을 끼치는 등 실제 투자 분야에도 적용되었다고 수상 이유를 밝혔어요. 2013년 공동 수상자인 로버트 쉴러는 앞에서 다뤘다시피 시장이 효율적이라고 보지 않고, 그에 반하는 주장을 하며 버블을 측정하는 지표인 CAPE를 개발했는데요. 시장을 바라보는 관점은 다르지만, 둘 모두 주식시장에 대한 경험적 분석을 했다는 공로가 통해서 함께 수상하게 되었던 거예요. 신기하죠? 경제학은 이렇게 같은 문제에 대해 상반된 주장을 하더라도 논리적으로 타당하면, 동시에 인정해 주는 학문이랍니다.

5 행동경제학으로
돈 모으는 법

리처드 탈러(Richard H. Thaler, 1945~)
2017년 노벨 경제학상 수상
행동경제학

Q

어젯밤, 영화를 보고 왔는데요, 지금까지도 속이 더부룩한 거 있죠? 고어 영화를 봤냐. 전혀요. 저희 잔잔한 로맨스 영화를 봤어요. 문제는 '팝콘'. 미디엄이랑 라지가 가격 차이가 별로 안 나서 넉넉히 먹고 남으면 가져가잔 생각으로 라지를 주문했는데요. 영화 보면서 음료 한 입, 팝콘 한 줌, 계속 먹다 보니 그 큰 박스가 바닥을 드러낸 거 있죠? 생각해 보니 이런 적이 한 번이 아니었어요. 팝콘을 먹다 보면, '그만 먹어'라는 사인을 보내 주는 장치가 고장 나는 걸까요? 속이 안 좋아질 정도로 다 먹게 되는 이유, 뭘까요?

눈앞에 있으면 자꾸자꾸 손이 가게 되는 팝콘. 저를 비롯해 대부분 비슷한 경험 있을 거예요. 우리는 뇌에서 배부름의 신호를 느끼고 그만 먹게 된다고 생각해요. 부분적으로는 맞는 말이지만요, 꼭 그렇지만도 않다고 해요.

수프 접시에 특수 장치를 해두고 사람들의 먹는 양을 실험한 경제학자들이 있었어요.[28] 그들은 한 그룹에선 수프 접시 밑에 구멍을 내서 금세 수프 접시가 비게 했고, 다른 그룹에선 수프 접시 밑의 구멍에서 수프가 차오르게 해서 먹어도 수프가 줄지 않게 했어요. 금세 수프가 비게 된 그룹에선 수프 바닥이 보이니 배부르다고 말했고, 수프가 줄지 않는 그룹에서는 배부름을 못 느끼면서 많이 먹더란 겁니다. 놀랍죠? 그래서 그들은 작은 접시를 이용하라고 해요. 또, 과자는 소포장을 이용하라고 말하고요!

그들이 이런 아이디어를 내게 된 건, 2017년 노벨 경제학상 수상자 리처드 탈러Richard H. Thaler의 아이디어에서 영감을 얻은 거예요. 합리적이지 않은 행동을 하게 만드는 여러 심리적 요인들이 있는데요. 탈러는 그런 요인을 찾아내고, 그걸 바로 잡을 수 있게 스스로 통제하는 방법을 제안하거든요. 탈러의 이야기, 들어 보실래요?

28. Wansink, B., Painter, J. E., & North, J. (2005). Bottomless bowls: Why visual cues of portion size may influence intake. Obesity Research, 13(1), 93–100.

마시멜로 실험은 아직 끝나지 않았다!

유명한 '마시멜로 실험' 아시나요? 어린이들 앞에 마시멜로 혹은 초콜릿 한 개를 놔두고 20분 동안 먹지 말고 기다리라고 하는 거죠. 20분 동안 참으면 마시멜로 두 개를 준다고 해도 참는 걸 힘들어하는 아이들이 많아요. 성인이라면 20분 정도는 그냥 참을 수 있죠. 하지만, 마시멜로를 다른 예시로 바꾸면 어떨까요? 다이어트를 하기로 했는데 당장 눈앞에 맛있어 보이는 케이크가 있다거나, 미래를 위해 저축하기로 마음먹었는데 SNS에서 좋아하는 인플루언서가 광고하는 운동화를 본다거나 하는 것처럼 말이에요. 이런 상황이라면 유혹을 뿌리치기 힘들 거예요.

탈러는 '현재는 구체적이지만 미래는 추상적'이라고 말해요. 좀 더 와닿게 말해보면, 현재의 나는 나지만 미래의 나는 옆집 아저씨 정도의 존재란 거예요. 옆집 아저씨가 얻을 다이어트와 저축보다는 당장 내가 얻을 케이크와 운동화를 훨씬 소중하게 느낀단 겁니다. 미래보다 현재를 선호하는 걸 '시간선호Time Preference'라고 해요. 현재가 중요하니까 미래 가치를 많이 깎아서 생각하게 되는데요, 물건 가격을 깎는 걸 '할인'이라고 하잖아요? 그래서 시간에 따른 미래 가치를 깎는 건 '시간 할인'이라고 부릅니다. '시간 할인'의 정도는 사람에 따라 다른데요. 사람에 따라서 미래 대비를 철저히 하면서 현재의 욕구를 절제하는 사람이 있죠? 이런 사람은 시간 할인율이 낮은 사람이에요. 시간 할인율이 낮을수록 미래를 잘 대비할 수 있는 거죠. 여러분은 어떤 사람인가요?

같은 금액이라도 같은 돈이 아니야

미래를 대비할 수 있는 방법, 어떤 게 있을까요? 혹시 지갑에 돈을 넣어둔 것 같은데, 없어서 찾아 헤맨 경험 없으신가요? 저는 꽤 자주 그랬어요. 제가 학생 때는 카드가 없어 현금을 가지고 다녔는데요. 어느 날은 학교에서 돌아오는 버스를 탔는데 지갑을 열어보니 버스비가 없는 겁니다. 어쩔 수 없이 버스에서 내려야 했죠. 그 창피함이란! 먼 거리는 아니라 걸어 돌아왔지만, 이런 상황을 또 만들면 안 되겠단 생각을 했어요. 그래서 용돈을 받았을 때 만 원짜리 지폐를 반으로 접어서 학생증 뒤에 끼워 두곤 이건 '비상금'이라고 생각했습니다. 한 마디로 돈에 이름표를 붙인 거죠. 그랬더니 1년 뒤에도 그 돈이 남아 있었습니다. 잊어버리고 안 쓴 거 아니냐고요? 아니에요. 이건 비상금이고, 꼭 필요한 비상시에만 써야 한다고 마음 먹으니 안 쓰게 되더라고요. 사실 같은 돈인데 돈의 이름이 어떻게 붙여지느냐에 따라 이렇게 달라지는 겁니다. 탈러는 이를 심적회계Mental Accounting라고 이름 붙였어요. 마음속에서 돈에 이름표를 붙여 회계장부를 따로 둔다는 의미죠.

적금을 10년 동안 꾸준히 부어서 모은 1억 원과 로또 당첨금

1억 원. 같은 1억 원이지만, 어쩐지 다르게 느껴지죠? 사람들은 로또 당첨 1억 원을 훨씬 쉽게 씁니다. 돈에 어떤 이름표가 붙어 있는지에 따라 다르게 느껴진단 거예요. 여러분은 아래 A, B 두 가지 게임 중 어떤 걸 하고 싶으세요?

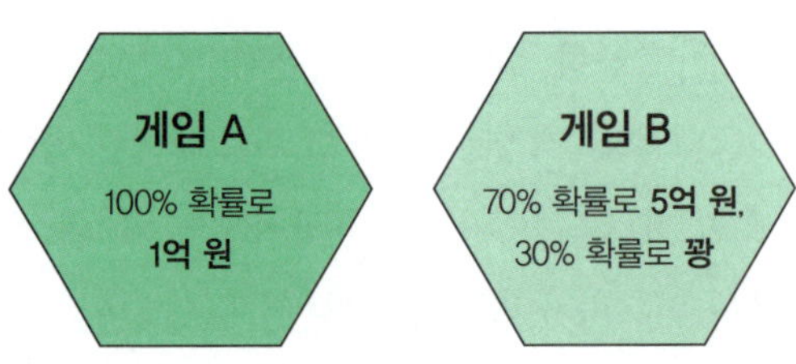

확실한 걸 좋아해서 게임 A를 선택한 분도 있을 거고, 기댓값으로 따져 보면, 게임 B는 5억 원을 받을 확률이 0.7이므로 기댓값을 계산하려면 '5×0.7'을 하고 꽝일 때 0원을 받을 확률이 0.3이므로 '0×0.3'을 더하게 됩니다. 이렇게 계산하면 게임 B의 기댓값은 3억 5천만 원으로, 게임 A보다 훨씬 크니 게임 B를 선택한 분도 있을 거예요. 그런데 만약, 이게 게임이 아니라 직장에서 받는 연봉이라면 어떤 선택을 하실래요? 아마 대부분 게임 A를 선택할 겁니다. 직장에서 일하고 받는 임금인데, 30% 확률로 '꽝'이 되어 한 푼도 벌지 못하게 된다고 생각하면 끔찍하거든요! 이 심리를 이용해서 용돈이나 월급을 받았을 때 돈 일부를 저축할 돈 또는 비상금이라고 이름표를 붙여두면 좋겠죠?

돈에 이름 붙이듯, 여러 통장으로 나눠서 이름 붙이기

우리는 안정적인 미래, 즉 노후를 위해 돈을 모으곤 하지만 현실에서는 노후로 가는 중간중간에도 큰돈이 들어갈 일이 꽤 많이 생깁니다. 예를 들어, 어학연수 자금, 대학 등록금, 결혼 자금, 내 집 마련, 자녀 교육비, 자녀 결혼 자금 등등이요. 우리 생애의 시기별 '목적 자금' 마련이라고 할 수 있죠. 지금 시기에 내가 모을 필요가 있는 목적 자금이 뭐가 있는지 생각해서 통장을 만드세요. 소비하기 위한 돈을 넣어두는 통장은 따로 두고요. 비상금도 따로 둘 필요가 있어요! 언제 갑자기 어디가 아프다거나 돈을 써야만 할 일이 생길 수 있으니까요.

노후를 위한 통장도 꼭 필수로 둬야 해요. 노후 자금을 모으는 통장은 연금 계좌를 활용하면 좋아요. 직장에서 마련해 주는 퇴직연금 외에, 개인연금으로, '연금 저축'과 'IRP'가 있거든요. 중기 목적 자금을 위해선 'ISA'란 걸 이용해도 좋습니다. 또, 투자를 하다 보면 갑자기 폭락장이 올 때가 있어요. 그리고 이런 때를 오히려 투자의 기회로 삼는 사람들이 있죠. 존 템플턴John Templeton은 1997년 말 우리나라가 외환 위기로 힘들어 주가가 폭락했을 때 우리나라의 좋은 회사 주식들을 싼 가격에 쓸어 담았었거든요. 이런 기회를 노리고 싶다면 현금을 가지고 있어야 할 겁니다. 투자하기 좋은 폭락장이 왔을 때 투자할 수 있는 자금을 '패닉 통장'이라고 이름 붙인 통장에 모아 두는 것도 좋지 않을까요?

    2장 부자가 되는 법을 찾은 경제학자들

돈을 모으고 싶다면 자동 저축 시스템을 만들어!

미래를 대비할 수 있는 또 다른 방법은 스스로도 피할 수 없는 강제성을 가진 시스템을 만드는 겁니다. 제가 얼마 전, 이를 닦다가 무심코 치약에 쓰여 있는 문구가 눈에 띄었어요. '2080'. '20개의 건강한 치아를 80세까지'라는 뜻인데요, 그걸 보면서 너무하단 생각이 드는 거 있죠? 처음 이 치약이 나왔던 1990년대만 해도 80세면 충분히 오래 사셨다고 생각했던 모양이지만, 요즘은 그렇지 않잖아요! 우리 사회, 초고령 사회로 진입했어요. 지금의 20~30대는 기대 수명이 아마 100살 가까이 될 겁니다. 예전부터 얘기하던 100세 시대가 진짜 눈앞에 닥친 거죠. 장수하게 된 게 축복이어야 하는데요! 노년기를 위한 준비가 안 되어 있으면 장수가 축복이 아닌 위험일 수도 있어요.

30세쯤 일하기 시작해서 60세쯤 은퇴한다고 하면, 30년 일해서 버는 돈으로 70년을 살아야 한단 거잖아요! 미리미리 노후를 위해 저축해야 한단 얘기죠. 근데 그게 진짜 어렵습니다. 왜냐고요? 미래의 나는 마치 옆집 아저씨 같은 존재라고 했잖아요. 눈앞에 있는 현재의 나를 위한 것들을 즐기다 보면 미래의 나를 위한 저축은 당장의 일에 밀려 미루게 됩니다.

그래서 탈러는 먼저 쓰고 남는 돈을 저축하려 하면 평생 저축하지 못한다면서, '자동 저축 시스템'을 만들라고 합니다. 용돈이나 월급이 들어오면, 바로 자동이체로 일정 금액이 저축으로 빠져나가게 설정을 해 두라는 거예요. 그럼 스스로 어쩔 수 없이 남은 돈 가지고 쓰게 되니까요. 자신의 통장 안에 들어있는 돈 범위보다 더 많은 돈을 미리 결제할 수 있는 신용카드는 가급적 사용을 제한하라고 하고요.

미국에 연금 백만장자가 많은 이유는?

미국 영화에 보면 머리 하얀 할아버지, 할머니들이 휴양지 해먹에 앉아서 음료수 놓고 책 보며 여유를 즐기는 장면이 자주 등장하지 않나요? 실제로 미국엔 연금 백만장자가 많다고 해요! 노후 자금인 연금계좌에 100만 달러 이상 모은 사람들이 많단 건데요. 미국인들은 우리나라 사람들에 비해 시간 할인율이 유달리 낮아서 그럴까요? 아닙니다. 바로 탈러가 설계한 강제 저축 시스템을 '401K'라고 부르는 미국의 퇴직연금 제도에 도입했기 때문이에요.

미국은 직장에 다닐 때 임금의 일정 부분을 퇴직연금으로 넣는데, 기본값 설정을 '무조건 가입'으로 해 두었대요. '저 퇴직연금 안 할래요'라고 바꾸지 않는 이상 그냥 자동 가입이 되게 만든 거예요. 사람들이 기본값을 잘 안 바꾸는 심리가 있다는 걸 이용한 거라고 해요. 게다가 기본값으로 저축되게 한 금융 상품이 예금이 아니고, 주식과 채권이 섞여 있는 금융 상품이었어요. 미국 시장이 꾸준히 성장했으니, 자신도 모르게 투자했던 주식

2장 부자가 되는 법을 찾은 경제학자들

가격도 꽤 많이 올라 있더란 겁니다. 특정 회사 몇 개를 골라 담기보다는, 미국 시장 전체를 따라갈 수 있게 가장 큰 기업 500개에 투자되도록 하는 식으로 담았던 거예요. 1등부터 500등까지의 기업이 바뀌면 투자 구성도 자동으로 바뀌도록 되어 있었고요. 자동 저축 시스템의 힘, 엄청나죠? 든든한 노후를 위해 우리도 따라서 해 보면 어떨까 싶어요!

탈러, 행동경제학의 슈퍼스타

탈러는 행동경제학Behavioral Economics에 기여하고 이 분야를 발전시킨 공로로 2017년 노벨 경제학상을 받아요. 전통 경제학에서는 사람을 완벽하게 합리적인 존재인 '이콘Econs'으로 보는데요, 행동경제학에선 주로 합리적이지만 때때로 오류도 있는 '인간Humans'이라고 봐요. 여기서 그치는 게 아니라, 어떤 상황에서 오류가 발생하는지 그 패턴을 찾죠. 예컨대 심적 회계, 보유 효과, 손실 회피 등에 의해 영향을 받는다는 것을 입증했습니다. 그는 사람들이 장기적인 계획Planner과 단기적인 충동Doer 사이의 갈등을 겪는다는 이론Planner-Doer Model을 제시하며, 저축이나 건강 관리 등에서 자제력이 부족한 인간 행동의 원인을 설명했고요. 나아가 사람들이 오직 자기 이익만을 추구하지 않으며, 공정성과 협력도 중요하게 여긴다는 것을 실험을 통해 입증해요. 이를 통해 경제 이론의 설명력을 향상시키고, 공공 정책 문제에 대한 해결책을 마련하는 데 도움을 주었죠. 저서『넛지Nudge』엔 그의 다양한 실험들과 공공 정책에 반영한 사례들을 수록했어요.

NOBEL PRIZES

3장

평등한 사회를 연구한
경제학자들

1 물질적인 지원은
실질적으로 도움이 될까?

에스테르 뒤플로(Esther Duflo, 1972~)
아비지트 배너지(Abhijit V. Banerjee, 1961~)
2019년 노벨 경제학상 공동 수상
빈곤 퇴치 정책 실험, 개발경제학

Q

저는 주말에 노숙자들을 도우러 서울역에 다닙니다. 라면, 쌀국수 등 필요한 물품을 사서 나눠 드리기도 하고 음식을 준비해서 가지고 가기도 해요. 조금이나마 도움이 되었으면 하는 마음으로 다니는 건데요. 간혹 제 활동이 그들의 의존도를 높여 오히려 해가 될 뿐이라고 비판하는 분들이 계세요. 빈곤 문제. 사실 우리나라만의 문제는 아니죠. 아직도 아프리카엔 말라리아로 죽는 어린이가 많다고 하잖아요. 무언가 도움을 주고 싶어서 유니세프에도 기부하고 있는데요, 정말 물품이나 돈으로 지원하는 건 도움이 안 되는 걸까요?

여러 좋은 일을 실천하고 있네요. 그런데 고민이 많겠어요. 과연 내가 선한 마음으로 하는 일이 그들에게 도움이 되는 일인지 의문이 드니까요. 빈곤 문제에 대해선 의견이 갈려요. 『빈곤의 종말』을 쓴 제프리 삭스Jeffrey Sachs[29]처럼 원조를 열심히 하는 게 필요하다는 사람들이 있고, 원조는 그들에게 도움이 되기보다는 의존도만 높일 뿐이라고 하는 사람들도 있어요. 이에 대해 답하긴 어렵습니다. 현재도 예방 가능한 질병으로 매일 2만 5천 명의 어린이가 죽어간다는 안타까운 현실도, 국제기구들이 지난 50년 동안 엄청난 액수의 대외 원조를 아프리카 국가들에 지원했음에도 빈곤 문제가 해결되지 않은 것도 사실이거든요.[30] 만약 원조가 없었다면 어떤 일이 일어났을까요? 상황이 더 안 좋아졌을 수도 있고, 오히려 좋아졌을 수도 있을 겁니다. 그럼 어떻게 해야 할까요?

작은 문제부터 도움을 줄 수 있는 걸 찾자

그들에게 꼭 필요한 작은 문제부터 효과적으로 도움을 줄 수 있는 걸 찾아보면 어떨까요? 아프리카에서 어린이들이 많이 죽는 이유 중 하나가 말라리아라고 해요. 매년 90만 명의 사람들이 말

29. Jeffrey Sachs (2005), The end of poverty: Economic possibilities for our time, Penguin Press.
30. William Easterly (2007), The White Man's Burden, Penguin Press.

라리아로 죽는데, 90% 이상이 아프리카인이고 그중 85%는 5살 이하의 어린이래요. 말라리아는 모기에 의해 옮겨져요. 모기장만 제대로 사용해도 말라리아 모기에 물릴 가능성이 매우 낮아지죠. 게다가 모기장은 비싸지도 않아요. 그런데 놀랍게도 모기장을 사서 사용하는 사람은 많지 않았습니다.

이런 상황을 눈치챈 경제학자가 있었어요. 에스테르 뒤플로 Esther Duflo. 그녀는 여섯 살 때, 가난한 사람들을 위해 헌신한 테레사 수녀의 이야기를 만화책으로 읽으며 자신도 가난한 사람들을 위해 할 수 있는 일을 찾고 싶다고 생각했대요. 그녀는 아프리카의 이야기를 듣고 도움을 줄 수 있는 방법을 찾았어요. 바로 사람들에게 모기장을 나눠 주는 것이었죠. 그런데 문제가 있었습니다. 모기장을 무료로 나눠 주는 게 좋을지, 시중 판매가보다 저렴한 값으로 판매하는 게 좋을지 고민이 된 거예요. 고민이 된 건 두 가지 이야기 때문이었어요. 첫 번째는 무료로 나눠 주면 모기장은 언제나 공짜라고 생각하게 돼서 나중에 필요할 때도 안 사게 되는 문제가 생길 수 있다는 것이었고, 두 번째는 돈을 내고 사지 않으면 가치를 몰라서 물고기 잡는 어망으로 쓸지도 모른다고 이야기하는 사람들도 있었거든요.

어떻게 하는 게 효과적인지 실험해 봐!

뒤플로는 남편인 경제학자 아비지트 배너지Abhijit V. Banerjee

와 함께 "모기장을 무료로 주는 게 좋을까, 약간의 비용을 받는 게 좋을까?"라는 질문을 가지고 케냐에 가서 실험을 진행했어요.[31] 둘은 돌아다니면서 사람들에게 동네 약국에서 모기장을 받을 수 있는 쿠폰을 나눠 줬습니다. 쿠폰은 여러 종류였어요. 공짜로 받을 수 있는 쿠폰도 있었고, 1달러를 주고 살 수 있는 쿠폰, 3달러를 주고 살 수 있는 쿠폰도 있었어요.

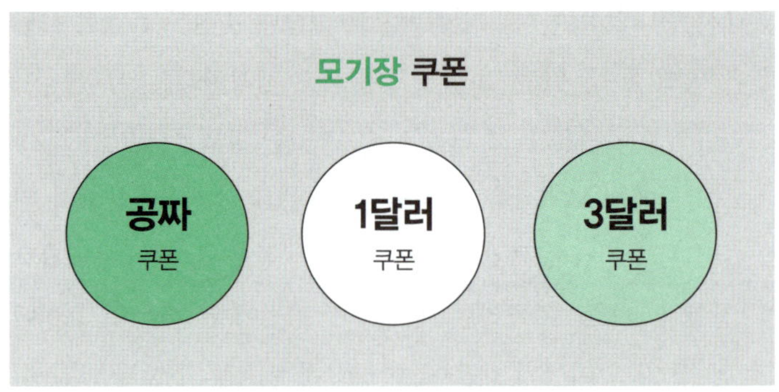

결과는 흥미로웠습니다. 모기장을 공짜로 받을 수 있는 쿠폰을 받은 사람은 모두 모기장을 받아 갔어요. 약국에 들러야 하는 번거로움이 있었는데도요. 조금이라도 돈을 내고 모기장을 사야

31. Banerjee, A. V., & Duflo, E. (2011). Poor economics: A radical rethinking of the way to fight global poverty. Public Affairs.

했던 경우, 구매율이 많이 떨어졌어요. 1달러에 구매할 수 있는 쿠폰을 가진 사람은 60% 정도 구매했고, 3달러에 살 수 있는 쿠폰을 가진 사람은 15% 정도만 구매했습니다. 다행인 건 어떤 경로로 모기장을 가지게 되었든 모기장을 가진 사람들은 모기장을 사용하더라는 겁니다. 뒤플로를 고민하게 만든 두 번째 이야기, "무료로 받으면 제대로 사용하지 않을 것이다"라는 우려가 깨진 거예요.

모기장을 공짜로 주는 게 필요했던 거구나!

뒤플로와 배너지는 1년이 지난 후 다시 모기장을 2달러에 살 수 있는 기회를 주었는데요. 공짜로 받았었든 할인해서 구매했었든 모기장을 받았던 사람들의 구매 비율이 받지 않았던 사람들에 비해 더 높았습니다. 모기장을 써봤던 사람들이 모기장의 유용성을 더 알게 돼서 구매하더라는 겁니다. 뒤플로를 고민하게 만든 첫 번째 이야기, "공짜로 주면 나중에 필요한 일이 생겨도 사지 않을 것이다"라는 우려도 깨진 거예요.

그럼 모기장을 공짜로 받았던 사람과 유료로 받았던 사람 중에선 누가 더 많이 구매했을까요? 바로 공짜로 받았던 사람들입니다. 신기하죠? 그 다음엔 3달러에 샀던 사람들이 많이 샀어요. 1달러에 구매했던 사람들은 이들보다 덜 샀습니다. 뭔가, 가격이 올랐다고 생각했던 게 아닐까 싶어요.

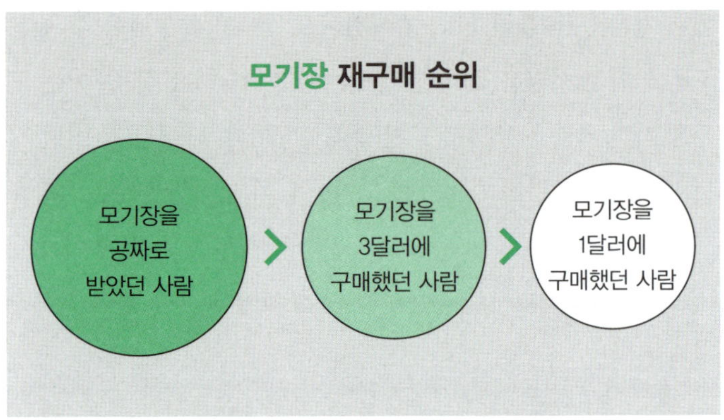

무료로 모기장을 나눠 주면, '모기장은 공짜'라는 데 익숙해지는 게 아니라 '모기장 사용에 익숙해짐'을 알 수 있는 거죠. 모기장을 원조할 때는 좀 더 많은 혜택을 주는 게 필요하단 생각이 드네요. 뒤플로와 배너지는 '원조가 도움이 되는가'라는 큰 문제를 '말라리아 문제가 많은 곳에 모기장을 무료로 나눠 주는 건 도움이 되는가?'라는 작은 문제로 좁혀서 답을 찾은 겁니다. 적어도 이 작은 문제에는 그렇다고 답할 수 있는 거니까요.

예방접종률 높이기, 실험을 통해 방법을 찾자!

그들이 찾아 나선 다른 사례를 하나 더 얘기해 줄게요. 뒤플로와 배너지가 인도에 갔을 때예요. 인도 라자스탄주의 우다이푸르라는 지역은 전체 아이들 중 1%만 홍역 예방접종을 했다고 해요. 백신이 있고, 무료인데도요. 부모님들이 아이들에게 신경을 쓰지 않아서 그런 것도 아니었대요. 병원은 홍역에 걸린 아이를 데리고 온 부모님들로 항상 붐볐다는 건데요. 왜 그런 걸까요? 예방접종을 맞지 않겠다는 신념을 가졌기 때문일까요? 물론 그런 이들도 있었지만 소수였어요. 뒤플로와 배너지는 이 문제를 해결할 작은 도움을 찾기 위해 이들을 관찰했어요. 그리고 추측한 건 다음과 같은 시나리오예요.

> 예방접종을 맞을 곳이 멀고,
> 부모님은 해야 할 일이 많아 시기를 놓치는 것이다.

라자스탄주 우다이푸르에서 아이를 키우고 있는 인도 엄마의 사정을 살펴 볼게요. 예방접종을 맞을 수 있는 곳이 멀어, 아이에게 예방접종을 맞히려면 몇 킬로미터를 걸어가야 하는 상황이에요. 한참을 걸어갔는데 예방접종 센터가 문을 닫으면 그대로 다시 돌아와야 하는 겁니다. 아이를 키우고 일을 하려면 너무 바쁘고 해야 할 게 많은데 예방접종 센터까지 걸어갔다가 돌아오는 일은 쉽지 않을 겁니다. 그러다 보면 미루게 되고, 결국 시기를 놓치게 되는 거예요. 뒤플로와 배너지는 실험을 위해 우다이푸르 지역에 있는 134개의 마을을 3개의 지역으로 구분하고

예방접종을 맞을 수 있는 캠프를 마련했어요.[32]

1번 지역은 멀리에 있는 예방접종 센터 대신 가까운 지역에 예방접종을 받을 수 있는 캠프를 마련한 곳이에요. 2번 지역은 예방접종 캠프를 마련한 것뿐 아니라, 예방접종을 하면 렌틸콩 1kg을 주는 곳이에요. 렌틸콩 1kg은 예방접종을 기피해서가 아니라 단순히 미루고 있던 거라면, 미루지 않고 행동하도록 가볍게 유도할 수 있는 정도의 양이었다고 해요. 3번 지역은 어떤 변화도 주지 않은 곳이에요. 실험 전엔 모든 곳의 상태가 비슷했는데요, 실험 후 변했어요.

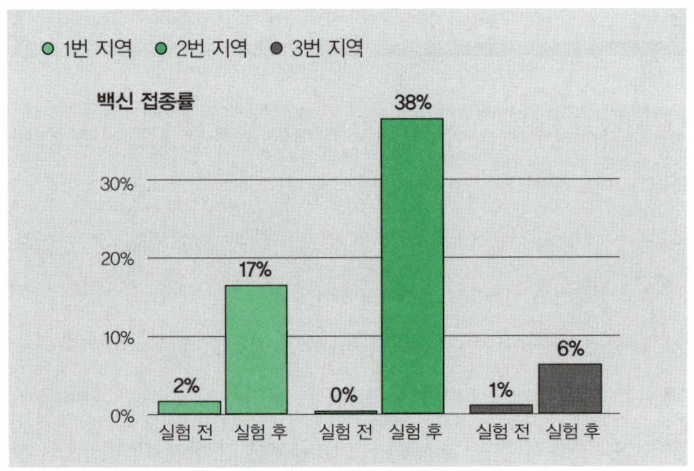

32. Banerjee, A. V., & Duflo, E. (2011). Poor economics: A radical rethinking of the way to fight global poverty. Public Affairs.

어떤 변화도 주지 않았던 곳은 큰 차이가 없었지만, 접종하기 쉽게 가까운 지역에 예방접종 캠프를 만들었던 1번 지역은 예방접종률이 2%에서 17%로 상승했습니다. 렌틸콩까지 준 2번 지역은 예방접종률이 38%까지 올라갔죠. 답이 나왔습니다.

> "가까운 곳에 예방접종 센터를 만들고 렌틸콩 1kg을 주세요! 그럼 예방접종률을 더 높은 비율로 늘릴 수 있을 겁니다."

빈곤 문제를 해결하려고 했던 부부

사회 정책 실험. 너무 멋지지 않아요? 어떻게 계속 렌틸콩을 주느냐고 할지도 모르겠는데요. 한 명이 예방접종을 맞을 때 드는 비용을 따져봤을 때 렌틸콩을 주는 게 안 주는 것보다 오히려 더 저렴했다고 해요. 예방접종 센터를 만들고 간호사가 상주하면 간호사 임금이 나가는데요. 사람들이 접종을 맞으러 잘 오지 않으면 기간이 길어지면서 비용만 늘어나는 거죠. 하지만 렌틸콩을 주면 예방접종을 하러 오는 사람이 많아져서 기간이 단축되니 오히려 한 명당 예방접종비가 저렴해졌다는 거예요. 렌틸콩 없는 1번 지역에서는 한 명당 50달러, 2번 지역에서는 27달러가 들었대요.

2019년 뒤플로와 배너지는 과학적인 사회 정책 실험을 통해 빈곤 문제를 해결하고자 한 공로를 인정받아 노벨 경제학상을 받았어요. 최초의 부부 공동 수상이었죠.

뒤플로와 배너지는 빈곤이라는 거대한 문제를 교육, 보건, 농업, 금융 접근성 등 작고 구체적인 문제로 나누고, 현장 실험을 통해 각 문제에 대한 효과적인 해법을 제시했어요. 개발도상국 현장에서 정책 실험을 수행하여 어떤 정책이 실제로 빈곤층의 삶을 개선하는 데 도움이 되는지를 과학적으로 검증했죠. 실험적 접근은 빈곤 퇴치를 위한 정책 결정에 있어 이론적인 추측이나 전체적인 거시 경제적 분석에 의존하기보다, 실증적이고 정밀한 데이터를 바탕으로 더 효과적인 개입 방식을 찾는 데 크게 기여했습니다.

뒤플로와 배너지처럼 큰 문제를 작게 나눠서 실험을 통해 문제에 대한 답을 찾아가면 어떨까요? 작은 문제에 대해 여러 가지 조치를 하면 점차 나아질 거라 확신이 들어요. 과학적이고 강력한 답이었으니까요. 빈곤 문제처럼 당장 큰 문제를 해결할 수는 없지만, 작은 일부터 시작하면 분명 나아갈 수 있을 겁니다.

2 | 여성의 소득이 남성 소득의 65%밖에 안 되는 이유

클라우디아 골딘(Claudia D. Goldin, 1946~)
2023년 노벨 경제학상 수상
성별 격차와 노동시장

Q

얼마 전, 친구가 여자와 남자의 임금이 다르다고 이야기하는 거예요. 저는 그럴 리가 없다고 이야기하면서 인터넷에 검색을 해 봤죠. 그러다가 똑같이 일해도 평균적으로 여자가 남자보다 임금이 25% 적다는 기사[33]를 봤어요. 직종이나 업무량의 차이도 아니라 성별에 따라 임금이 달라진다니. 대체 왜 여자들의 임금이 남자보다 적은 걸까요?

33. 노동법률(2025. 3. 7), 남성 임금, 여성보다 25% 많다… '동일노동 동일임금' 목소리.

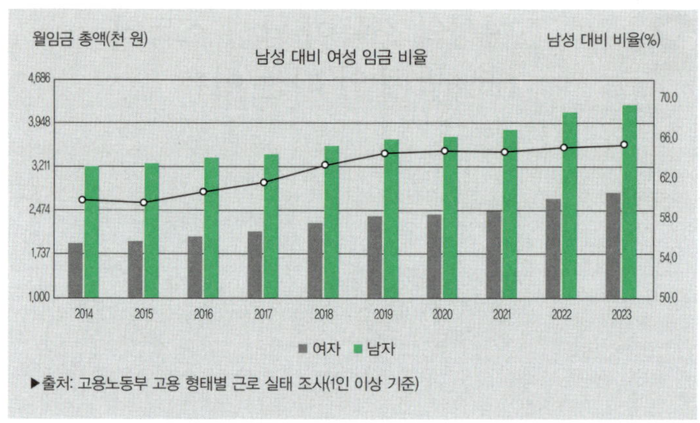

성별 임금 격차. 아주 오랫동안 논란이 되어 왔던 주제죠. 실제로 고용노동부 자료를 찾아보니, 남성 대비 여성의 임금 비율이 65% 정도 되더라고요? 왜 똑같이 일해도 여성의 임금은 여전히 남성보다 낮을까요?

경제가 발전하면 여성의 경제활동 참여는?

우리나라의 남녀 임금 격차가 큰 편이긴 하지만[34], 우리나라만의 문제는 아닙니다. 미국의 경제학자 클라우디아 골딘Claudia D. Goldin은 이 문제를 오랫동안 연구해 왔어요. 200년의 긴 역사

---

34. BBC뉴스 코리아(2022. 12. 7), 여성 차별: 한국, 26년째 OECD 성별 임금 격차 1위…
    '여자가 있을 자리가 없다'.

데이터를 가지고, 산업 구조의 변화, 교육 수준, 기술 발전, 사회적인 관념, 여성들의 선택 등 여러 다양한 요인들을 함께 고려해 분석했죠. 그리고 여성의 교육 수준이 과거에 비해 높아졌음에도 불구하고 임금 격차가 좁혀지지 않는 현상을 '평평해지지 않는 곡선'이라고 명명했어요.[35] 보통 경제가 발전하면서 여성의 경제활동 참여가 계속 증가했으리라 생각하잖아요? 꼭 그렇진 않아요! 200년 역사의 시간을 가로축에, 여성의 경제활동 참여율을 세로축에 두고 그래프를 그렸는데, U자형이 나타났습니다.[36]

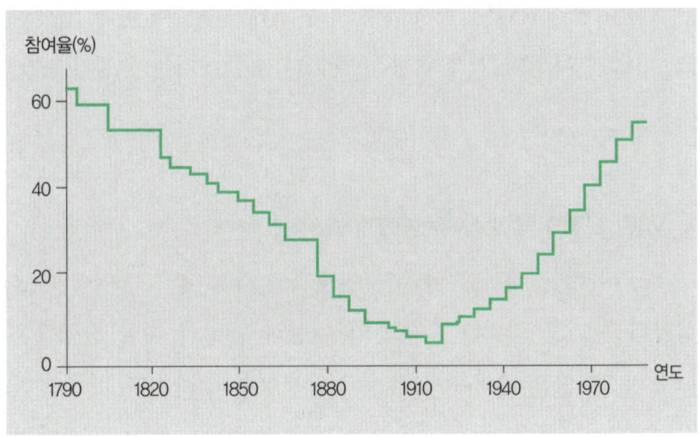

35. Goldin, C. (2014). A grand gender convergence: Its last chapter. American Economic Review, 104(4), 1091–1119.
36. Goldin, C. (1990). Understanding the gender gap: An economic history of american women. Oxford University Press.

3장 평등한 사회를 연구한 경제학자들

농업 사회부터 여성 경제활동 참여율을 따져 보니 오히려 산업화가 될 때 그래프가 내려갔어요. 농업 사회에서는 여성들이 집안일뿐만 아니라 농사일도 하고, 여러 경제 활동에 참여했었던 거예요. 그런데 산업화가 시작되고 공장 노동이 중요해지자 노동이 남성의 영역으로 인식되면서 공식적인 경제 활동에 참여하는 여성 비율이 오히려 줄어드는 현상이 나타났어요. 그러다 20세기 중반을 넘어서면서 상황이 다시 바뀝니다. 여성들의 고등교육 기회가 늘어나고, 서비스 산업이 성장했어요. 또 피임 기술도 발달했고요. 그러면서 여성들이 다시 활발하게 경제활동에 진입하기 시작합니다. U자 곡선에서 그래프가 상승하는 구간이죠. 이렇게 여성의 경제 활동은 줄었다가 늘어나는 흐름을 보였어요.

시간 프리미엄 보상, 여성에게 불리해![37]

우리나라는 대학 진학률이 세계에서 가장 높고,[38] 여성이 남성보다 높기도 합니다.[39] 최근의 여성과 남성의 대학 진학률을 놓고 보면, 많은 나라에서 여성이 남성보다 대학 진학률이 높았

37. Goldin, C. (2021). Career and family: Women's century-long journey toward equity. Princeton University Press.
38. 매일경제(2025. 9. 10), 대학진학률 17년째 OECD 1위… 교육의 질 고민할 때.
39. 머니투데이(2021. 7. 22), 대학진학률 女81%, 男76% 점점 커지는 격차… 이유는?.

어요. 즉, 여성의 교육 수준은 남성에 비해 높았으면 높았지 결코 낮지 않단 거죠. 그럼에도 불구하고 임금 격차는 좁혀지지 않고 있는 건데요, 그 이유가 뭘까요?

골딘이 말하는 중요한 요인은 '시간 프리미엄 보상 시스템'입니다. 시간 프리미엄 보상이 뭐냐면요, 오전 9시부터 오후 5시까지 혹은 그 이상으로 장시간 정규 근무를 하는 데에 과도하게 높은 보상을 주는 시스템이 있더라는 겁니다. 더불어, 회사에서 갑자기 일정이 바뀌어 추가 근무를 해야 하는 일이 생겼을 때 자리를 지켜 주는 사람에게 지나치게 높은 보상을 한다는 거죠. 한마디로 '대기 상태On-Call; 온콜'인 사람을 선호한다는 건데요. 이 시스템에서는 여성보다 남성이 유리하단 겁니다.

여성은 결혼을 하면 임신과 출산이라는 과정을 거치게 되고, 그동안에는 일을 쉬는 경우가 많습니다. 출산 후엔 육아에 대한 부담이 있고요. 이유식을 하기 전에는 아이들에게 수유를 해야 하고, 그 외에도 아이가 엄마를 찾는 경우가 많으니까요. 이런저런 이유로 여성들은 상대적으로 회사에서 자리를 지키고 있기 어렵습니다. 대기 상태가 되기 어려운 거죠. 오히려 엄마라서 '조퇴'를 해야만 하는 일이 생기기 쉽습니다.

문제는 많은 직장이 여전히 항상 대기할 수 있는 노동자를 선호한다는 거예요. 이 구조 속에서 일하는 엄마들은 성과와 무관하게 평가가 불리해지기 쉽습니다. 한 마디로 엄마 페널티

가 생기는 겁니다. 같은 능력을 가졌어도 '근무 시간의 유연성'
이 제공되지 않아 임금 격차가 생기게 된다는 것이 골딘의 분
석이에요. 임금 격차를 줄이기 위해서 재택근무, 유연 근무의
확대가 필요하다는 뜻으로 해석될 수 있죠. 실제로 골딘의 연
구 영향으로 여러 나라에서 재택근무와 유연 근무를 확대했다
고 해요.

마흔까지 쭉 경력을 쌓을 수 있다면야!

골딘은 임금 격차의 다른 요인으로 여성의 '인생 결정의 순
서 문제'도 꼽았어요.[40] 골딘이 보기에 여성이 교육이나 결혼, 출
산 같은 아주 중요한 결정들을 내리는 타이밍이 경제적 성과에
큰 영향을 미친다고 본 겁니다. 단순히 결혼을 하느냐 안 하느
냐, 출산을 하느냐 안 하느냐가 아니라, '언제', '무엇 먼저' 하는
지 그 순서와 시점이 중요하다는 게 핵심이에요.

1970년대 이후 피임 기술이 발전했는데요. 그러면서 여성들
이 인생 결정 시점을 주체적으로 선택할 수 있게 되었어요. 골딘
은 이를 '시간 선택권의 혁명'이라고 불러요. 공부를 많이 한 여
성들은, 경력을 먼저 쌓고 결혼과 출산은 나중으로 미루는 선택

40. Goldin, C. (2006). The quiet revolution that transformed women's employment,
education, and family. American Economic Review, 96(2), 1–21.

을 할 수 있게 되었다는 겁니다. 경력을 먼저 쌓으면서 자리를 잡고 나서 나중에 결혼과 출산을 하는 게 일을 지속하고, 임금을 높이는 데 도움이 된다는 거예요. 하지만 골딘은 그렇다고 모든 문제가 해결되는 건 아니라고 지적합니다. 사회 구조나 기업 문화가 뒷받침되지 않으면 온전한 선택이 되기 어렵다고요. 출산을 무한정 뒤로 미룰 수는 없으니까요. 출산 후 육아 휴직, 아이 돌봄에 의해 경력 단절이 된다거나, 그렇지는 않더라도 기업 내 문화가 유연 근무를 받아들이지 않는 경우엔 힘들어질 수밖에 없겠지요. 출산 후 여성 경력이 꺾이는 건 단순히 일을 쉬는 것뿐만 아니라, 승진 기회, 네트워크 형성 기회 등도 함께 놓치기 때문일 수 있으니까요.

여성 최초의 노벨 경제학상 단독 수상자

클라우디아 골딘은 여성 최초의 노벨 경제학상 단독 수상자예요! 첫 번째 여성 수상자인 엘리너 오스트롬은 2009년, 두 번째 에스테르 뒤플로는 2019년에 공동 수상 했거든요. 골딘은 2023년에 여성 노동 시장 결과에 대한 이해를 발전시킨 공로로 노벨 경제학상을 수상했습니다. 골딘은 역사적인 데이터를 광범위하게 사용하여 여성의 노동 시장 참여, 임금 격차, 경력 선택이 어떻게 변화해 왔는지 설명했어요. 여성과 남성의 임금 격차 문제를 방대한 역사 자료와 사회구조적 문제와 함께 과학적으로 분석한 그녀. 그녀가 제시한 방안대로 유연 근무와 재택근무가 확대되고, 출산 후 여성이 겪게 되는 엄마 페널티가 사라지면 좋겠네요. 그러면 점차 성별 임금 격차가 줄고, 출산율도 늘어날 수 있지 않을까요?

3 좋은 불평등과 나쁜 불평등?

앵거스 디턴(Angus S. Deaton, 1945~)
2015년 노벨 경제학상 수상
혁신과 불평등, 평균과 개인, 복지 정책

Q

얼마 전 친구가 길에서 차은우를 우연히 만나 셀카를 찍었다고 사진을 보여줬어요. 어찌나 부럽던지요. 그런데 알고 보니 나노바나나로 만든 사진이었던 거 있죠. 저도 한 번 해봤더니 원본에 없는 팔도 만들어 주고 몸의 각도도 자연스럽게 맞춰주더라고요. 신기한 세상이란 생각이 들었어요. 제 친구는 디자인한 네일 팁을 인스타로 판매하는데요. 예전에는 광고 영상을 제작 업체에 맡겨서 만들었는데, 요즘은 AI를 활용해서 친구가 만든대요. 저는 문득 AI가 불평등을 만들 수 있다는 생각이 들었어요. AI를 잘 활용하는 사람과 그렇지 않은 사람 간의 격차는 분명해 보이거든요. 혁신이 불평등을 심화시킨다는 생각, 동의하시나요?

챗지피티, 나노바나나, 제미나이, 미드저니……. 오픈 소스 생성형 AI인 챗지피티가 처음 우리에게 등장한 게 2022년 말인데요, 불과 몇 년 지나지 않은 현재. AI는 벌써 우리의 일상 속 깊이 침투했습니다. 어디로 여행하려는데 계획을 세워달라고 하면 알아서 일정을 짜고, 맛집도 추천해 줍니다. 한때는 자신의 사진을 넣고 지브리 스타일로 바꿔 달라고 요청하는 게 인기였고요. 개인적으로 힘든 사정도 상담하곤 하죠.

혁신은 빈곤에서 탈출시키지만, 불평등을 만든다[41]

“역사를 보면 혁신은 새로운 불평등을 만든다.”

2015년 노벨 경제학상을 받은 앵거스 디턴Angus S. Deaton이 한 말입니다. 그는 혁신이 인류를 빈곤에서 탈출하게 했지만, 그 과정에서 일부 집단에게 먼저 혜택이 돌아가면서 불평등이 생긴다고 말해요. 새로운 기술, 혁신이 불평등을 초래한 건 지금만의 일이 아닌 거죠.

AI를 예시로 들어볼까요. AI는 생활에서 편리하게 활용되는

41. Deaton, A. (2013). The Great Escape: Health, Wealth, and the Origins of Inequality Princeton University Press.

걸 넘어, 일하는 공간에도 빠르게 침투했습니다. 신입 사원이 필요 없어졌어요. AI가 신입 사원이 할 법한 일들의 80%까진 잘 해내거든요. 예전에는 선배들이 신입 사원에게 기초적인 일부터 알려 줬어요. 기초적인 업무부터 신입 사원에게 넘겨 주며, 자신이 처리해야 하는 일들을 더 효율적으로 처리한 거예요. 신입 사원은 기초적인 업무를 익히는 데 2~3년이 걸렸습니다. 3년 정도는 지나야 서서히 자신이 일할 수 있는 게 생겼죠. 그런데 이젠이 신입 사원의 자리를 AI가 채우고 있습니다. 기초적인 업무를 알려 주며 3년을 기다릴 필요도, 기초적인 업무를 처리해 줄 신입 사원이 없어도 팀장님이 혼자서 모두 처리할 수 있는 겁니다. AI와 함께요.

네일 팁을 만들어 판매하는 친구가 예전엔 광고 영상을 업체에 맡겼지만 이젠 혼자서 해낼 수 있는 것처럼, AI를 활용하면 예전엔 여러 사람이 해야 하던 일도 혼자서 할 수 있는 일이 되는 경우가 많아집니다. 이제는 AI를 잘 활용하는 게 능력이 되는 거예요. 그리고 AI를 잘 활용하는 사람과 그렇지 않은 사람 간의 격차는 커질 수 밖에 없을 거예요.

좋은 불평등과 나쁜 불평등이 있다고?[42]

스마트폰이 발명되어, 우린 어디서나 인터넷을 사용할 수 있게 되었어요. 운전하며 내비게이션을 사용하고, 지하철에서 웹툰을 보고, 결제도 스마트폰으로 합니다. 삶을 윤택하게 하는 혁신적 기술을 내놓은 기업은 부유해졌죠. 엔비디아, 테슬라, 삼성전자……. 혁신이 있어야 경제가 성장하고, 그로 인해 많은 사람들이 가난에서 벗어날 수 있었으니 혁신은 분명 좋은 일입니다. 하지만 혁신의 그늘도 존재합니다. 애플이 스마트폰을 내놓을 때 기존 휴대폰에 집착하던 핀란드의 노키아[43], 일본의 모토로라는 어려워졌죠. 애플, 엔비디아는 부자가 되었지만, 노키아와 모토로라에는 위기가 찾아온 거예요. 혁신은 이처럼 불평등을 만듭니다. 이런 현상은 과거에도, 지금도, 앞으로도 반복될 겁니다. 디턴은 이러한 불평등은 어쩔 수 없다고 합니다.

혁신은 과거의 기술에서 한발 더 나아가는 거예요. 혁신에 성공한 기업은 돈을 많이 벌 수 있지만, 과거의 기술을 가진 기업에는 위기가 찾아옵니다. 그러면 과거의 기술을 가진 기업은 혁신에 성공한 기업보다 더 앞서 나가기 위해서 또 새로운 기술

42. Deaton, A. (2013). The Great Escape: Health, Wealth, and the Origins of Inequality Princeton University Press.
43. 노키아는 2014년 휴대폰 사업부를 MS에 매각할 정도로 위기를 겪었음. 현재는 네트워크 장비 및 솔루션 전문 기업으로 화려하게 부활함.

을 연구하겠죠. 아이러니하게도 혁신이 불평등을 만들고, 불평등이 혁신을 만드는 상황이 되는 겁니다. 디턴은 이런 이유에서 불평등이 생기는 건 어쩔 수 없고 자연스러운 일이지만 불평등이 지나치게 심해지는 건 좋지 못하다고 생각해요. 그래서 지나친 불평등을 줄이기 위해 어떤 정책을 내는 것이 효율적인지 연구합니다.

평균을 보지 말고 개개인을 봐야 한다[44]

디턴은 불평등을 줄이는 정책을 낼 땐, 평균만 봐선 안 된다고 강조해요. 경제학자들이 국가의 평균 소득이나 평균 소비만 본다면, 빈곤Poverty이나 불평등Inequality의 문제를 제대로 볼 수 없게 된다고요. 개개인의 소득과 소비를 관찰해서 그에 맞는 개별화된 복지가 필요하다고 주장해요. 예를 들어 의도치 않게 직장을 잃은 사람들에게 경제적인 지원을 해 주는 실업 수당 제도가 있습니다. 하지만 실업 수당을 받는 실업자가 제도의 의도와 달리 일부러 직장을 잃은 실업자일 수도 있다는 겁니다. 일하고 싶지는 않지만 돈은 필요한 직장인이 있다고 가정해 봐요. 이 직장인은 1년 6개월 정도 일한 회사에서 일부러 일을 태만하게 하

44. Deaton, A. (1997). The analysis of household surveys: A microeconometric approach to development policy. World Bank Publications.

3장 평등한 사회를 연구한 경제학자들

고 의도된 권고사직을 당합니다. 그리고 다른 회사에 이력서를 내요. 하지만 취업은 하지 않아요. 일은 하고 싶지 않거든요. 그렇지만 돈이 필요하니 실업 수당을 신청해서 받아요. 비자발적으로 실직을 했고, 이후 구직 활동을 했다는 증거가 있으면 실업 수당을 받을 수 있거든요. 그렇게 몇 개월 동안 실업 수당을 받으며 지내다가 다른 곳에 취업하는 겁니다. 이 경우에 실업 수당이란 복지 제도가 악용되고 있는 거잖아요? 소득이 0원이니까 무조건 지원해 줘야 한다는 제도에서 벗어나 개개인을 관찰하는 게 필요하다는 디턴의 논리가 이런 겁니다.

불평등을 줄이는 정책이 필요해!

2014년 4월 핀란드의 기업 노키아는 주력 사업이었던 휴대전화 단말기 및 서비스 사업 부문을 마이크로소프트에 매각했습니다. 휴대전화 산업을 상징하던 기업이 무너진 만큼 그 여파는 컸습니다. 무엇보다 대규모 실직이 발생해, 핀란드 경제와 사회 전반에 큰 충격을 남겼는데요. 핀란드 정부는 이를 방치하지 않았습니다. 실업 급여를 지급하는 데 그치지 않고, 신생 기업 창업을 지원하며, 기업·대학 간 협력을 통해 소프트웨어 교육 프로그램을 확대했죠. 이 과정에서 '앵그리버드Angry Birds'라는 게임 소프트웨어 기업이 만들어졌습니다. 지금 우리는 AI 기술이 빠르게 발전하는 시대를 살고 있어요. 혁신이 가져오는 성장이 큰 만큼, 기존 일자리가 사라지고 불평등이 심화될 위험이 커지고 있죠. 그렇다면 이제 혁신에 발맞추어 AI 분야에 대한 교육 지원 등으로 불평등을 줄이는 방안을 모색해야 하지 않을까요?

빈곤을 이해하려고 했던 디턴

앵거스 디턴은 소비, 빈곤, 복지 분석에 기여한 공로로 2015년 노벨 경제학상을 단독 수상했어요. 디턴은 개발도상국의 가계 조사 자료Household Survey Data를 사용하여 빈곤과 생활 수준을 보다 정확하게 측정하고 분석하는 방법을 개척했어요. 이를 통해 빈곤층의 삶을 이해하고 정책을 설계하는 데 있어 소비지출 데이터의 중요성을 강조했고, 개발 원조의 효과와 측정의 한계 등 현실적인 개발 문제에 깊이 있는 통찰을 제공했습니다. 그의 연구는 경제 정책을 설계할 때 개인의 복지와 빈곤 문제 해결을 가장 중요한 목표로 삼아야 함을 강조해요.

NOBEL PRIZES

4장

세상을 이롭게 만든
경제학자들

1

전 세계 모든 이들에게
혜택을 준 이론이 있다?

로버트 윌슨(Robert B. Wilson, 1937~)
폴 밀그럼(Paul R. Milgrom, 1948~)
2020년 노벨 경제학상 공동 수상
경매 이론

Q

우연히 라디오에서 옛날 기사를 소개하는 코너 '라떼 뉴스'를 듣게 됐어요. 2002년 8월 기사였는데, 고양시에서 일산 호수공원 내에 있는 7.6평(약 25m²) 매점의 1년 운영권을 입찰로 팔았었대요. 당시 예상했던 낙찰 가격은 7천만~8천만 원 사이였다는데, 한 사람이 무려 8억 6천만 원을 써냈다는 거예요.[45] 다른 사람이 얼마를 쓸지 몰라 11배가 넘는 돈을 쓴 거죠. 낙찰받은 사람, 처음엔 기뻐했을 수 있겠지만 사실은 울어야 할 처지였을 지도요. 이런 식의 공개 입찰 경매, 해결책은 없는 걸까요?

45. 중앙일보(2002. 8. 7), "공원 매점 임대료가 8억".

20여 년 전 작은 매점의 1년 임대료가 8억 6천만 원이었다니, 진짜 놀랍네요. 하루 임대료가 약 235만 6천 원인 셈이잖아요! 매점을 운영하려면 물품을 사는 비용도 들어갈 거고, 전기와 수도 사용료, 관리비도 내야 하고, 직원을 고용한다면 임금도 줘야 하고, 세금도 내야 해요. 임대료와 이런 비용을 모두 지출하고도 15~20% 정도 수익이 나려면요, 하루에 1천만 원 이상의 매출을 올려야 했다는 결론이 나옵니다. 아마도 불가능에 가깝지 않았나 싶어요. 손실 봤을 가능성이 크죠. 낙찰받아 기쁜 순간도 잠시, 임대료와 관리비 등 지출이 매출보다도 많은 적자 상황에 눈물로 밤을 지새웠을 수도 있어요.

'승자의 저주'는 진짜 가치를 몰라서 발생한다

이런 상황은 보통 경매에 부쳐지는 대상에 대한 정보가 불충분할 때 발생하는 경우가 많아요. 보물 상자를 경매에 부친다고 해 봐요. 보물이 들어있긴 한데, 얼마나 들어있는지는 모르는 상황입니다. 사람들은 상자를 들어서 흔들어 보고, 두드리며 가치를 알아볼 거예요. 그리고 각자 생각한 금액을 적어서 입찰할 거예요. 비슷한 가격대를 적는 사람이 대부분이겠지만 훨씬 높은 가격을 적는 사람도 있을 겁니다. 다른 사람과 경쟁하다 보면 진짜 가치보다 더 높게 판단할 수도 있거든요. 문제는 보물 상자의 가치를 가장 높이 평가한 사람에게 낙찰된다는 겁니다. 그러면

50만 원의 가치가 있는 보물 상자를 100만 원에 낙찰받는 결과
에 이를 수 있는 거예요.[46]

　실제로 채굴을 위해 멕시코만Gulf of Mexico 연안에서 일정
기간 석유를 시추할 권리를 공개 입찰 경매로 판 적이 있었어요.
아무도 그 지역에 석유가 얼마나 매장되어 있는지 몰랐죠. 석유
회사들은 지질학자, 엔지니어 등의 전문가들에게 석유가 얼마나
있을지 추정해달라고 했고, 그 추정치에 의존해서 시추권의 가치
를 평가할 수밖에 없었어요. 결국 가장 높은 금액을 지불하고 시
추권을 따낸 회사가 실제로 시추를 해보면, 실제 매장량이나 수
익 가치가 입찰가보다 훨씬 못 미치는 경우가 빈번하게 발생했
죠. 50만 원짜리 보물 상자를 100만 원에 산 것과 같아요. 1971년
석유회사 애틀랜틱 리치필드Atlantic Richfield의 엔지니어 세 명은
경매에서 승리하고도 손해 보는 이 역설적인 상황을 논문으로 발
표하기도 했고,[47] 리처드 탈러는 이러한 상황을 '승자의 저주The
Winner's Curse'라고 이름 붙였습니다.[48] 상품의 진짜 가치를 몰라
서 진짜 가치보다 훨씬 많은 대가를 지불한 상황으로, 분명 이겼

46. Wilson, R. (1979). Auctions of shares. The Quarterly Journal of Economics, 93(4),
　　675–689.
47. Capen, E. C., Clapp, R. V., & Campbell, W. M. (1971). Competitive bidding in high-
　　risk situations. Journal of Petroleum Technology, 23(06), 641–653.
48. Thaler, R. H. (1988). The winner's curse. Journal of Economic Perspectives, 2(1),
　　191–202.

는데 이긴 것 같지 않은 상황인 거죠.

승자의 저주를 피하는 방법을 연구한 스승과 제자, 노벨 경제학상을 수상하다

그렇다면, 승자의 저주를 피하는 방법은 없는 걸까요? 여기 합리적인 가격으로 경매에 참여할 수 있도록 새로운 경매 방식을 연구해 2020년 노벨 경제학상을 수상한 학자들이 있습니다. 로버트 윌슨Robert B. Wilson과 그의 제자 폴 밀그럼Paul R. Milgrom입니다. 둘은 스탠퍼드 대학에서 스승과 제자로 만난 관계로, 같은 마을에 지내며 동고동락했다고 해요. 현재는 스탠퍼드 대학의 경제학과 동료 교수가 되었죠. 노벨 경제학상 수상 소식을 전할 때 폴 밀그럼이 낮잠을 자느라 연락이 되지 않자, 노벨 위원회가 로버트 윌슨에게 연락해 제자를 깨워달라는 부탁을 했다는 재미난 일화도 있습니다.

밀그럼과 윌슨은 '동시 다중 라운드 경매Simultaneous Multiple Round Auction, SMRA'라는 새로운 경매 방식을 고안해서 승자의 저주 문제를 해결했어요.[49] 앞서 승자의 저주는 '진짜 가치를 몰라서' 생기는 거라고 했습니다. 윌슨과 밀그럼은 이 문제를 해결

49. Milgrom, P. (2000). Putting auction theory to work: The simultaneous ascending auction. Journal of Political Economy, 108(2), 245–272.

하기 위해 '숨겨진 정보'를 최대한 밖으로 꺼내면 모두가 더 합리적으로 생각하게 만들 수 있을 거라고 생각했어요.

숨겨진 정보를 밖으로 꺼내는 첫 번째 방법: 여러 라운드를 진행

숨겨진 정보를 밖으로 꺼내는 방법은 두 가지가 있습니다. 첫 번째 방법은 '정보 교환' 기회를 주는 겁니다. 경매를 한 번에 끝내지 않고 여러 라운드로 나눠서 진행하면서 정보를 교환할 수 있는 기회를 주는 거예요. '다중' 라운드 경매인 거죠. 기존의 공개 입찰 경매는, 모두가 자신이 원하는 최고 금액을 적어내면 끝이었어요. 다른 사람이 얼마 정도의 가격을 생각하는지는 전혀 알 수가 없었죠. 하지만 한 회차가 끝날 때마다 다른 경쟁자들이 얼마를 적었는지 가격을 공개하면 어떨까요? 만약 내가 100만 원을 생각했는데, 다른 경쟁자들이 50만 원대에서 머물고 있다면 어떻게 생각할까요? '어, 내가 너무 높게 생각했나? 내 판단이 틀렸을 수도 있겠다'라고 깨닫겠죠. 그래서 다음 라운드에서는 무리하게 높은 가격을 쓰지 않게 됩니다. 모두가 다른 사람의 정보를 보면서 가격을 조절하기 때문에 승자의 저주를 막을 수 있다는 거예요.

숨겨진 정보를 밖으로 꺼내는 두 번째 방법: 여러 상품을 함께 진행

숨겨진 정보를 밖으로 꺼내는 두 번째 방법은, 여러 상품의 경매를 '동시에' 진행하는 겁니다. 이 방법도 승자의 저주를 막는 데 큰 역할을 해요. 레고 블록 경매로 비유해 볼게요. 각각 1천 원의 가치를 가진 블록 A와 블록 B가 있어요. 이 블록들의 특징은 두 블록을 합쳐서 특별한 로봇을 만들 수 있다는 거예요. 1천 원의 가치를 가진 두 블록을 합친 로봇은 3천 원의 가치를 가져요. 두 블록이 함께 있을 때 시너지가 생겨서 더 큰 가치가 창출된다는 거죠.

기존엔 블록 A 경매와 블록 B의 경매를 따로 진행했어요. 블록 A를 낙찰받을지 못 받을지 모르는 상태에서 블록 B에도 베팅을 해야 하는 거죠. 만약 두 블록의 시너지 효과를 기대하고, 블록 A를 낙찰받기 위해 기존 가치보다 높은 1,500원을 썼다고 해 봐요. 그런데 블록 B는 낙찰받지 못하고 블록 A만 손에 넣게 된다면, 이 선택은 결국 승자의 저주가 되고 맙니다.

하지만 블록 A와 블록 B의 경매를 동시에 진행하면 승자의 저주를 막을 수 있어요. 내가 블록 A를 확보하지 못할 거 같으면, 블록 B에 대한 입찰가를 낮추거나 포기하는 등 전략적으로 대응할 수 있는 겁니다. 이렇게 숨겨진 정보를 밖으로 꺼내는 두 가지의 방법을 합친 '동시 다중 라운드 경매'를 통해 입찰자들은 불안감 없이 가장 가치가 높다고 생각하는 조합에 합리적인 금액을 베팅할 수 있게 되었어요.

동시 다중 라운드 경매로 주파수를 배분하자

동시 다중 라운드 경매는 실제로 효과가 있었어요. 질문자분이 자주 듣는다고 한 라디오. 라디오는 89.1MHz, 103.5MHz, 107.7MHz 등 각 채널마다 사용하는 주파수가 달라요. 1994년 미국 정부는 이 라디오 주파수를 동시 다중 라운드 경매로 판매했어요. 당시에는 주파수가 행정적으로 배정되거나 추첨을 통해 배분되었어서, 얼마가 적정한 가격인지 판단할 기준이 없었죠. 이때 동시 다중 라운드 경매가 아주 유용했습니다. 다른 사람들이 써낸 가격을 보면, 사람들이 이 라디오 주파수를 평균적으로 어느 정도 가치로 생각하는지 알 수 있었으니까요.

그리고 주파수는 단독으로 사용될 때보다 여러 개를 사용할 때 더 큰 시너지를 냈어요. 예를 들어 한 방송국이 103.5MHz와 107.7MHz를 모두 확보해 각각 시사교양 채널과 음악 채널로 운영한다면, 서로 다른 청취층을 동시에 흡수할 수 있겠죠. 동시 다중 라운드 경매 덕분에 시장 참가자들은 실제 필요와 시너지를 반영해 의사결정을 할 수 있었고, 그 결과 주파수가 효율적으로 배분될 수 있었어요.

경매 이론, 전 세계에 사회적 혜택을 주다

사제지간이자 스탠퍼드 대학 동료 교수인 로버트 윌슨과 폴 밀그럼은 2020년 노벨 경제학상을 공동 수상했습니다. 밀그럼과 윌슨이 고안한 '동시 다중 라운드 경매'는 무선 주파수, 전기, 천연가스, 공항 이착륙권, 이산화탄소 배출권 경매 등 다양한 경매에 활용되었어요. 윌슨과 밀그럼은 경매 이론을 발전시켰고, 새로운 유형의 경매 형태를 고안해 전 세계 매수자와 매도자, 납세자에게 도움을 준 공로[50]로 2020년 노벨 경제학상을 수상했습니다.

여기서 매수자는 사는 사람, 매도자는 파는 사람, 납세자는 세금을 내는 사람을 말해요. 경매품을 사는 사람인 매수자에겐 승자의 저주를 피하게 해 주니까 도움이 된 건 이해했을 거예요. 매도자에겐 어떤 도움이 된 건지 알겠나요? 승자의 저주가 생기면 비싼 가격에 파는 거니까 매도자에겐 더 좋은 것 아닌가 생각할 수도 있지만, 그 이유는 간단해요. 경매에서 지나치게 높은 가격에 낙찰되기도 하지만 반대로 지나치게 낮은 가격에 낙찰될 수도 있기 때문입니다. 너무 높은 가격을 부르면 승자의 저주를 받을까 봐, 이를 피하고자 지나치게 소극적으로 참여하는 경우가 있습니다. 지나치게 낮은 가격으로 팔리면 매도자가 손해죠. 그럼 납세자에게는 어떤 도움이 되는 걸까요? 경매는 매도자가 정부인 경우도 있는데요. 라디오 주파수 등이 이에 해당합

---

50. Naegelen, F. (2021). Paul Milgrom and Robert Wilson: Auctions, from theory to practice. Revue D'économie Politique, 131(6), 825–847.

니다. 이때 지나치게 낮은 가격으로 판매되면 정부는 그만큼 수입을 덜 얻게 되고, 필요한 수입을 다른 세금으로 충당해야겠죠. 이것은 납세자에게 부담이 될 수 있어요. 그러니 매도자, 매수자, 납세자 모두에게 혜택이 되었다는 노벨 위원회의 말에 동의하지 않을 수 없네요. 이들의 연구는 단순한 이론을 넘어, 복잡한 재화와 라디오 주파수 같은 서비스를 효율적으로 판매하는 데 결정적인 역할을 했어요.

윌슨의 빛나는 제자들

로버트 윌슨은요, 자신도 노벨 경제학상을 받았지만 제자도 세 명이나 노벨 경제학상을 받았어요! 첫 번째는 앨빈 로스Alvin E. Roth로 2012년 안정적인 배분 이론The Theory of Stable Allocations 및 시장 설계The Practice of Market Design에 대한 공헌으로 수상했고, 두 번째는 벵트 홀름스트룀Bengt R. Holmström으로 2016년 계약 이론Contract Theory에 대한 공헌으로 수상했어요. 마지막은 경매 이론을 개선하고 새로운 경매 방식을 만든 공헌으로 2020년 윌슨과 공동 수상한 제자 폴 밀그럼이죠. 정말 멋지지 않나요?

2 숨겨진 진짜 원인을 밝혀라

데이비드 카드(David E. Card, 1956~)
조슈아 앵그리스트(Joshua D. Angrist, 1960~)
휘도 임번스(Guido W. Imbens, 1963~)
2021년 노벨 경제학상 공동 수상
숨겨진 요소, 도구변수법, 이중차분법

Q

넷플릭스에서 〈슈퍼맨 각성제*Take Your Pills*〉란 다큐멘터리를 봤어요. *ADHD* 약이 집중에 도움이 된다고 알려져 남용되고 있단 내용이었어요. 학생 때는 공부하느라, 성인이 되면 일을 더 잘하려고 끊지 못하고 먹는다고 나오더군요. 그런데 문득 궁금해졌어요. 그 약이 정말 효과가 있는 걸까요? *ADHD*가 아닌 사람도 약을 먹고 공부하면 성적이 올라갈까요? 그 약의 효과성 입증은 *ADHD* 환자에 대해서만 된 걸로 알고 있거든요. 하지만 사람들이 불법적으로도 많이 찾고 거래하는 걸 보면, 뭔가 효과가 있어서가 아닐까 싶기도 한 거 있죠. 엉뚱한 상상이지만요, 그래도 입증 방법이 있는 건지 궁금해요!

저도 ADHD 약이 집중 잘 되는 약으로 둔갑해서 유통된다
는 얘길 들은 적 있어요. 안타까운 현실입니다. ADHD가 없는데
도 공부를 더 잘하고 싶어서 약을 복용한다니요! 그게 효과가 있
는 일일까 알아보고 싶으면 우선 ADHD가 없는 학생들을 모아
야 해요. 그중 ADHD 약을 복용하는 학생과 그렇지 않은 학생을
구분해야 할 거고요. 만약 학생들의 데이터를 수집해서 'ADHD
약을 복용하는 학생이 성적이 더 높다'는 통계가 나온다고 해봐
요. 그럼 우리는 'ADHD 약은 성적 향상에 도움이 된다'고 결론
을 내려도 될까요? 그렇지 않습니다. 왜냐면요 '숨겨진 요소'가
있어서예요.

'숨겨진 요소'가 있어서 인과관계가 불분명해

숨겨진 요소가 뭐냐면요, 성적을 높이는 진짜 원인이 약이
아니라 '원래 공부를 열심히 하고, 성적을 잘 받고 싶어 하는 성
향'일 수도 있거든요. 성적에 신경 쓰는 성향 때문에 공부를 더
잘하고 싶어서 약을 찾았고, 공부를 더 많이 했고, 그래서 성적
이 더 높은 것일 수도 있으니까요. 이 경우 약은 직접적인 성적
향상 원인이 아니겠죠. 만약, 약이 성적에 미치는 순수한 영향만
을 보고 싶다면 어떻게 해야 할까요?

'성적에 신경 씀' 같은 숨겨진 요소를 제거하고, 오직 '약을
복용하는 것 자체'가 성적에 미치는 순수한 영향만을 걸러 내

야해요. 이처럼 원인과 결과가 불명확할 수 있는 분석에서 숨겨진 문제를 효과적으로 제거하는 방법을 연구한 학자들이 있어요. 2021년에 노벨 경제학상을 받은 조슈아 앵그리스트Joshua D. Angrist, 휘도 임번스Guido W. Imbens, 데이비드 카드David E. Card예요.

군 복무가 미래 수입에도 영향을 미칠까?

경제학자들이 가장 알고 싶은 건 '이것이 저것의 진짜 원인인가'예요. 하지만 현실에서는 항상 방해꾼이 있기 마련입니다. 바로 '숨겨진 요소'지요. 1970년대 이전의 경제학 연구는 복잡한 수학적 모델로 분석하긴 했지만, '숨겨진 요소'를 효과적으로 제거하지 못한다는 문제가 있었어요. 그래서 경제학 연구의 결과를 믿을 수 없다는 갈등이 팽배했죠.

앵그리스트와 임번스는 신뢰성 위기를 극복할 수 있는, '숨겨진 요소를 제거해서 진짜 원인을 찾는 방법'을 찾아냅니다. 특별한 도구를 이용해 숨겨진 요소를 제거한다는 의미에서 '도구변수법'이라고 이름 붙여졌어요. 그들이 도구변수법을 이용했던 연구를 하나 소개해 볼게요.

미국은 1960년대 중반에서 1973년까지 베트남 전쟁에 참전했는데요, 당시 미국의 젊은 남성들 다수가 자원해서 베트남에 군인으로 갔어요. 나라에선 베트남 전쟁에 많이 참여해달라고

호소했고요. '전쟁에 참여해야 남자답고 부지런한 사람이다'라는 인식을 씌운 공익 광고도 하면서 말이죠. 그걸 보면서 앵그리스트와 임번스는 베트남 전쟁 참전 여부가 미래 소득에 영향을 미치는지 궁금했어요. 연구 가설을 한 문장으로 정리해 볼게요.

> 군 복무가 미래 수입에 긍정적 영향을 미칠 것이다.

만약 데이터 결과를 분석했는데 군 복무한 사람들의 미래 수입이 높았다고 해봐요. 그렇다고 해도 군 복무가 미래 수입을 높였다고 해석할 수는 없습니다. 눈치챘나요? 여기도 숨겨진 요소가 등장해요. 군 복무자들이 비복무자들보다 '원래부터 더 책임감이 강한 성격'이었을 수도 있는 거니까요. 이런 숨겨진 요소 때문에 수입이 높아진 것일 수 있는데, 이것을 마치 '군 복무'의 효과인 것처럼 착각할 수 있는 겁니다. 단지 군 복무와 미래 소득 간엔 상관관계가 나타난 것일 뿐, 인과관계는 아닐 수 있단 거죠.

도구변수법: 제비뽑기란 '도구'를 이용해서 숨겨진 요소를 제거!

앵그리스트와 임벤스는 숨겨진 문제를 제거할 방법을 찾았어요. 베트남 전쟁에 나갈 사람을 제비뽑기로 추첨한 기록을 발견한 겁니다.[51] 1970년 징집하는 대상 중 일부[52]에 대해서 제비뽑기 방식으로 징집을 추첨한 경우가 있었다고 해요. 제비뽑기는 무작위였어요. 누가 군 복무에 당첨될지 아무도 몰랐기 때문에, 당첨된 사람들과 안 된 사람들 간에 숨겨진 요소는 다르지 않다고 볼 수 있는 거죠. 제비뽑기 당첨은 군 복무를 할지 말지에만 영향을 미치고, 그 사람의 미래 수입 자체에는 직접 영향을 주지 않고요. 군대를 안 가는 사람의 수입이 제비뽑기에 당첨됐다고 갑자기 바뀌진 않으니까요. 그런데 제비뽑기를 해도 문제는 남아 있었어요.

대부분의 사람이 제비뽑기에서 '군 복무' 당첨이 되면 베트남에 갔고, 당첨이 안 되면 미국에 남았는데요. 제비뽑기 결과에 따르지 않은 소수가 있었어요. 제비뽑기로 군 복무로 당첨되었음에도 '난 안 갈 거야'라고 안 가버린 사람도 있었거든요. 또 제비뽑기에 당첨이 안 되었는데도 베트남에 군 복무를 하러 간 사람도 있고요. 앵그리스트와 임벤스는 제비뽑기 결과에 따르지 않은 사람들은 제거하고, 제비뽑기 결과를 따른 사람들만 대상

51. Angrist, J., & Imbens, G. (1995). Identification and estimation of local average treatment effects. National Bureau of Economic Research.
52. 1950년 1월 1일부터 1950년 12월 31일 사이에 태어난 남성들을 대상으로 한 첫 번째 징집.

으로 분석했습니다. 제비뽑기 결과에 따라 행동한 사람들은 제비뽑기라는 '운' 때문에 군 복무 여부가 결정된 겁니다. 마치 과학자가 이들만을 모아 랜덤 실험을 한 것과 같은 거죠.

따라서 제비뽑기라는 도구 변수Instrumental Variables에 의해 실제로 행동이 바뀐 집단에게 미치는 가장 순수하고 신뢰할 수 있는 인과 효과를 측정할 수 있게 된 거예요.

이민자 때문에 실업률이 높아졌을까?[53]

데이비드 카드는 과학적인 방법으로 사회 실험을 하는 법을 연구해요. 숨은 요소를 밝혀내는 방법을 연구한 거죠. 사례를 하나 들어볼게요. 1980년 쿠바의 마리엘 항구에서 갑자기 수많은 이민자들이 배를 타고 미국 마이애미로 쏟아져 들어오는 사건이 발생했어요. 그러면서 이민자들이 많아지면 일자리가 모자라지 않을까 하는 걱정이 퍼지기 시작합니다.

미국의 경우 우리나라보다 고용이 훨씬 유연해서 해고가 쉽거든요. 일하고자 하는 사람이 많아지면 직장에서 해고될 가능성도 커질 수 있으니까요. 이런 걸 노동 시장에 충격Shock이 가해졌다고 얘기하죠. 카드는 이 상황을 사회 실험으로 활용해요.

53. Card, D. (1990). The impact of the mariel boatlift on the miami labor market. Industrial and Labor Relations Review, 43(2), 245–257.

 4장 세상을 이롭게 만든 경제학자들

그는 다음과 같은 연구 가설을 세웠어요.

만약 마이애미로 이민자가 대거 유입된 후 마이애미 실업률이 그 전에 비해 늘었다고 해 봐요. '이민자들이 많이 들어왔다'를 원인으로, '실업률이 높아진다'를 결과로 분석할 수 있을까요? 이 변화도 이민자에 의한 순수한 변화라고 볼 수 없어요. 가령 이민자의 대거 유입이 없었다고 하더라도, 새로운 자동화 설비가 많아지면서 실업률이 늘어났을 수 있으니까요. 그럼 이민자와 실업률의 관계는 증명할 방법이 없는 걸까요?

이중차분법: 변화분에서 변화분을 빼서 실제 효과를 찾자

비교 대상을 '대조군Comparison Group'이라고 하고, 실험하는 대상을 '실험군Treatment Group'이라고 해요. 여기서 실험군은 이민자들 때문에 노동 시장에 '충격'을 받은 마이애미에요, 대조군은 마이애미와 경제 상황이 비슷했지만, 이민자가 들어오지 않은 다른 도시들입니다.

카드는 '마이애미의 실업률 변화분'에서 '다른 도시들의 실업률 변화분'을 뺐습니다. 다른 도시들에서도 실업률이 늘어났다면 그건 다른 사회적 요인으로 인해 실업률이 자연적으로 늘어난 것일 테니까요. 그만큼은 빼줘야 되는 겁니다.

만약 마이애미의 실업률 변화분이 2, 다른 도시의 실업률 변화분이 1.9라면, 그 차이인 0.1만큼이 이민자 때문에 발생한 순수한 인과 효과라고 볼 수 있는 거죠. 실험군의 변화분에서 대조군의 변화분을 빼서 그 차이를 보는 분석 방법을 '이중차분법'이라고 불러요. 카드는 마이애미의 기존 노동자들의 임금이나 실업률이 다른 도시들에 비해 크게 나빠지지 않았다는 것을 발견했습니다. 이는 '이민자가 늘면 실업률이 높아진다'라는 걱정이 사실이 아니며, 이는 경제적 두려움에서 과장된 걱정일 수 있음을 밝혀낸 거죠.

덕분에 경제학에서 정밀한 과학적 실험이 가능해졌어!

앵그리스트, 임번스, 카드의 연구 방법은 경제학뿐 아니라 다양한 사회과학 연구에 활용되었고, 과학적 연구 방법의 공로로 2021년 공동으로 노벨 경제학상을 수상합니다. 앵그리스트와 임번스는 사회 과학자들이 무작위 실험을 할 수 없는 상황에서도 도구 변수를 활용하여 가장 신뢰할 수 있는 인과 효과를 측정할 수 있는 길을 열어 주었습니다. 이들의 접근 방식이 경제학뿐만 아니라 다른 사회과학 분야로도 확산되어 실증 연구Empirical Research에 혁명을 일으켰죠. 카드는 복잡한 경제학 연구를 무작위 실험처럼 설계하여, 이론이 아닌 현실 데이터를 통해 사회 정책에 대한 논쟁에 결정적인 증거를 제시했습니다. 그는 중요한 정책 문제에 대한 접근 방식을 근본적으로 바꾸는 데 기여했어요. 이러한 공로로 세 사람은 2021년 노벨 경제학상을 수상하죠. 사회과학에선 인과관계를 증명하기 힘들다는 오랜 난제를 극복하고 마치 과학 실험처럼 인과관계를 찾아낼 수 있는 방법론적 기반을 구축한 공로를 인정받은 겁니다.

3 공유 자원을 지킬 수 있는 유일한 방법

엘리너 오스트롬(Elinor Ostrom, 1933~2012)
2009년 노벨 경제학상 수상
공유지의 비극, 공동체의 자치 규약

Q

2025년 여름, 강릉에 가뭄이 심하다고 연일 뉴스에 보도되었던 게 기억나요. 전국에서 소방차도 가고, 갖은 방법으로 물을 공급했지만 힘들었다고요. 수돗물이 안 나오는 상황, 현실이냐며 안타까워했어요. 그런데 저는 참 의아했던 점이 있어요. 강릉의 바로 옆 동네, 속초는 어떻게 괜찮았냐는 겁니다. 속초에서는 가수들이 공연하면서 스프링클러를 이용해 물을 엄청 써도 괜찮았거든요. 이상기후로 지속된 가뭄으로 생긴 문제면 속초도 함께 물 부족에 시달렸어야 했던 게 아닌가 싶었던 거예요. 왜 이런 차이가 발생했을까요?

강릉과 속초 모두 태백산맥의 동쪽에 있는데, 지형적으로 늦봄이면 비가 부족한 환경이에요. 동해에서 물을 머금은 바람이 산맥을 타고 올라오면서 응결되어 중간에 비를 뿌리고, 건조해진 바람이 내려오거든요. 만성적으로 늦봄엔 물이 부족했고, 비가 덜 오는 해이면 가뭄이 잘 들었죠. 그래서 속초시는 미리 추가로 지하댐을 건설했어요. 지하댐은 하천 아래의 암반층에 물을 막는 벽을 설치해서 지하수를 가두고 저장하는 거래요. 그래서 물이 증발하는 손실이 거의 없고, 지표면 가뭄의 영향을 덜 받아요. 이 지하댐 덕분에 속초는 안정적으로 용수를 공급받을 수 있어서 2025년 가뭄에도 괜찮았던 겁니다. 심지어 워터밤 축제도 열렸죠.

저수지의 물은 내려가도 워터파크는 운영해야지

반면 강릉시는 그 대비가 부족했습니다. 강릉시는 생활용수의 87%를 오봉저수지라는 한 곳에서 공급받는다고 해요. 그런데 2025년엔 평년의 절반 정도밖에 비가 내리지 않았고, 오봉저수지엔 물이 10% 정도밖에 남지 않게 된 겁니다. '미리 대비하지를 못했다'라는 점 말고도 추가로 생각해 볼 문제가 있어요. 강릉시가 생활용수를 오봉저수지에만 의존해 온 건 어제오늘의 문제는 아니잖아요. 예전에도 가뭄이 있었지만 이처럼 심한 물 부족을 겪진 않았었죠. 대체 왜 2025년엔 극심한 물 부족

현상이 나타난 걸까요? 강릉 시민이 이전에 비해 지나치게 많아진 걸까요?

문제는 몇 년 사이 갑자기 많아진 리조트, 온천, 수영 시설 등이에요.[54] 만성적으로 가뭄이 잘 생기는 지역에 워터파크를 짓는 건, 물의 공급 문제를 해결한 후였어야 합니다. 이런 숙박 시설엔 여름철에 관광객이 많죠. 봄부터 강수량이 적어 오봉저수지에 물이 얼마 남지 않았으면, 숙박 시설들에서 워터파크, 온천 등 영업을 중단했어야 해요. 하지만 그들은 진짜 극심한 물 부족 사태로 번질 때까지 영업을 지속했어요.[55]

목초지와 저수지의 공통점은 뭘까?

중세 유럽의 어느 마을엔 목동들이 모여 살았습니다. 공동으로 쓰는 목초지가 있었죠. 처음에 목동들은 양을 두 마리씩 방목해 기르면서 양털을 깎아 팔아먹고 살았죠. 어느 날 한 목동이 욕심을 내서 네 마리를 데려와 더 많은 풀을 뜯게 했어요. 그러자 다른 사람들도 너도나도 더 많은 양을 데려와 키웠습니다. 너무 많은 양이 목초지에 들어와 풀을 뜯자 목초지의 풀은 하나도 남지 않게 되었어요. 목동들은 더 이상 양들을 키울 수 없게 되

54. BBS NEWS(2025. 6. 25), 강릉시, 여름철 실내 물놀이장 "2025 강릉썸머아레나" 운영.
55. YTN(2025. 9. 2), 강릉 오봉저수지 저수율 14.2% 수영장 · 사우나 운영 중단.

 4장 세상을 이롭게 만든 경제학자들

었죠.[56]

　이건 '공유지의 비극The Tragedy of the Commons'이라고 불리는 현상입니다. 공동으로 사용하는 목초지는 특정한 주인이 없어서 누구나 이용할 수 있어요. 경제학에서는 이러한 상태를 '배제성이 없다'고 표현합니다. 배제성은 소비자가 적절한 대가를 치르지 않으면 재화나 서비스를 이용할 수 없는 것을 말해요. 목초지는 누구나 쓸 수 있으니 배제성이 없다고 표현하는 거죠.

　그런데 목초지의 풀은 양 한 마리가 먹으면 그만큼 다른 양이 먹을 수 없지요. 이렇게 누군가가 사용하면 다른 사람은 그만큼 덜 사용할 수밖에 없는 성질을 '경합성'이라고 합니다. 목초지처럼 배제성은 없지만 경합성은 있는 재화를 경제학에서는 공유 자원이라고 부릅니다. 저수지의 물도 마찬가지로 공유 자원이에요. 누구나 사용할 수 있지만, 내가 물을 쓰면 그만큼 다른 사람이 쓸 물이 줄어듭니다. 만약 강릉 저수지 수위가 평소보다 낮아졌을 때, 모두가 조금씩 아껴 쓰기로 약속했다면 결과가 달라졌을까요? 목초지의 목동들이 양을 두 마리씩만 기르자는 약속을 잘 지켰다면 어땠을까요?

56. Hardin, G. (1968). The tragedy of the commons: The population problem has no technical solution; it requires a fundamental extension in morality. Science, 162(3859), 1243–1248.

약속은 지키기 어려워!

약속은 지켜지기 어렵다는 게 경제학자들의 결론이었어요. 단순화를 위해서 목동 A와 목동 B가 있다고 해봅시다. 두 목동이 양을 두 마리씩만 키워야 목초지가 유지됩니다. 두 목동이 함께 약속을 잘 지키면 서로 6씩 이득을 봐요. 그런데 한 목동이 약속을 지키지 않고 몰래 양을 더 키우면, 더 키우는 쪽이 8의 이득을 얻고 그렇지 않은 쪽은 2의 이득만 봅니다. 둘 다 약속을 안 지키면 서로 4씩 이득을 봅니다. 각 상황 별로 이득을 정리하면 다음과 같아요.

		목동 B	
		약속 ○	약속 X
목동 A	약속 ○	6, 6	2, 8
	약속 X	8, 2	4, 4

목동 A 입장에서 먼저 생각해 봐요. 목동 B가 약속을 지킨다고 생각한다면 자신은 약속을 지키는 게 유리할까요, 지키지 않는 게 유리할까요? 약속을 지키면 6의 이득을 얻고, 약속을 지키지 않으면 8의 이득을 얻으니 약속을 어기는 게 유리합니다. 목동 B가 약속을 어긴다고 생각하면 어떨까요? 목동 A는 약속을 지키면 2의 이득을 얻고, 어기면 4의 이득을 얻으니 약속을 어기는 게 유리합니다. 목동 B가 약속을 지키든, 지키지 않든 목동 A

는 약속을 지키지 않는 게 이득인 거예요. 목동 B도 마찬가지겠죠. 그럼 둘 다 약속을 지키지 않게 되는 거죠.

사실 둘 다 함께 약속을 지켜서 서로 6씩 이득을 보는 게 서로에게 좋은 사회적 최적이에요. 그럼에도 사람은 자신의 이득을 추구하려 하고, 상대가 어떤 전략을 취하든 자신에겐 약속을 어기는 전략이 유리한 전략이 되어 둘 모두 약속을 어긴다는 겁니다. 그래서 결국 사회적으로 더 좋지 못한 상황이 되니, 비극이란 거예요. 그렇다면 공유지의 비극은 막을 수 없는 걸까요?

공유지의 비극을 막는 방법은?

공유지의 비극을 막는 방법으로 제시된 두 가지 방법이 있어요. 첫 번째 방법은 공유지를 사유재산으로 만드는 겁니다. 영국에서 일어난 '인클로저 운동Enclosure'이 그 사례인데요. 공유지를 주민들에게 분할해서 사적 재산권을 부여하는 거예요. 그럼 내 땅, 내 목초지가 되니까 한꺼번에 풀을 다 뜯어 먹히게 하지 않고 잘 관리할 거란 겁니다.

두 번째로는 아예 정부가 몰수해서 관리하는 방법도 있죠. 정부가 공무원을 보내서 관리를 시키고요. 첫 번째 방법은 공동의 땅에 대해선 효과적일 수 있는데, 저수지의 물이나 해안의 물고기처럼 사적 재산권을 부여하기 어려운 경우가 발생합니다. 해안의 물고기는 무슨 의미냐면요, 연근해 물고기를 지나치게 많이 잡아서 멸종되는 사례도 꽤 있었거든요. 이런 경우 공유 자원의 비극인데 사적 재산권을 부여해서 해결할 수 있는 사례가 아닌 거죠. 이런 사례에 정부가 공무원을 보내 일정량의 물고기만을 잡도록 감시하게 시킨다고 해 봐요. 잘 될까요? 공무원은 일을 열심히 하든 그렇지 않든 받는 임금은 정해져 있어요. 감시를 열심히 해야 할 동기가 없단 거죠. 그래서 그다지 효과적인 방법이 아닐 수 있습니다. 대체 방법은 없는 걸까요? 전 세계 곳곳을 찾아다니며 이런 사례를 연구한 정치학자가 있습니다. 바로, 2009년 노벨 경제학상을 수상한 엘리너 오스트롬Elinor Ostrom이예요.

공동체의 자치 규약으로 공유 자원을 관리해[57]

오스트롬은 지나친 남획(너무 많이 잡는 것)으로 바닷가재를 더 이상 잡지 못할 위기에 처했던 미국 메인주 연안의 어부들을 관찰했어요. 어부들은 바닷가재 통발을 놓는 규칙과 순서를 잘 지키며 어장을 유지했습니다. 이 사례를 보며, 그녀는 '공동체의 자치 협약'이야말로 공유 자원의 비극을 해결할 수 있는 방법이라고 생각했어요. 그리고 지구상에 있는 공유 자원이 잘 관리되

57. Ostrom, E. (1990). Governing the commons: The evolution of institutions for collective action. Cambridge University Press.

는 곳을 찾아다니며, 사례에서 보이는 공통점이 무엇인지 연구하기 시작했습니다.[58]

그녀는 네팔의 산간 마을, 인도네시아의 발리, 터키의 알라니아에 갔어요. 네팔의 척박한 산간 마을에서 농사를 짓는 농부들에게 물은 생명줄과 같은 거였죠. 오스트롬은 마을의 농민들이 정부 도움 없이 스스로 흙과 돌을 이용해 물길과 작은 댐을 만들어 문제를 해결하는 걸 목격해요. 농민들은 물길을 공동으로 소유하고, "이 물길은 우리가 만들었으니, 고장 나면 우리가 함께 고친다"는 규칙을 정했습니다. 물을 언제, 얼마나 써야 하는지 가장 잘 아는 사람들이 직접 규칙을 만들고, 서로 감시했기 때문에 시설이 항상 깨끗하게 유지되더란 거예요. 가뭄에도 물을 공평하게 나눌 수 있었고요. 내가 주인이라는 생각이 공유 자원을 지켰던 겁니다.

인도네시아 발리엔 계단식 논이 있는데, 위에 있는 농부가 물을 독차지하면 아래 농부는 농사를 망치게 됩니다. 논의 물을 관리하는 일은 단순히 물을 나누는 것 외에도, 논에 퍼지는 병충해를 막기 위해 모두가 동시에 농사를 쉬는 시기를 정해야 했대요. 오스트롬은 발리의 농부들이 '수박Subak'이라는 독특한 시스

58. Ostrom, E. (1990). Governing the commons: The evolution of institutions for collective action. Cambridge University Press.

템을 이용해 물을 관리하는 걸 발견해요. 각 마을 농부들이 모여 물을 받는 정확한 순서와 시간을 정하고, 모두가 신뢰를 바탕으로 이 규칙을 지키더란 겁니다. 순서대로 물을 공평하게 사용하니 싸움이 사라졌고, 일사불란하게 농사 시기를 조절하여 해충 피해도 줄일 수 있더란 거예요. 오랜 전통과 신뢰를 바탕으로 한 협력이 복잡한 물 문제를 해결한 거죠.

상호적인 관계와 신뢰가 구축된 자율적인 사회

터키 알라니아의 어촌 마을엔, 물고기가 잘 잡히는 위치가 있었대요. 어부들이 서로 좋은 자리를 차지하려고 새벽부터 경쟁하고 싸웠다고 해요. 무질서하게 고기를 잡으니 어린 물고기까지 씨가 마르는 남획이 일어났죠. 오스트롬은 알라니아의 어부들이 스스로 모여서 새로운 규칙을 만드는 걸 관찰해요. 해안을 따라 어장 구역을 번호표처럼 정확히 나누고, 제비뽑기를 하여 자기 어장 번호를 정하더란 거예요. 어장 지도가 공개되었기 때문에, 모든 어부가 서로의 구역을 침범하지 않는지 감시할 수 있었대요. 모두에게 공평한 기회가 주어지고, 자기 차례에 자기 구역에서만 잡으니 남획이 사라졌죠.

오스트롬이 관찰한 공유 자원 관리가 잘된 곳의 공통점은 뭘까요? 자신들의 필요를 가장 잘 아는 지역의 주민들이 서로 정교하게 규칙을 만들고, 신뢰를 바탕으로 규칙을 지키더라는 겁니다. 처벌이나 감시보다 공동체의 의식과 신뢰를 강화하는 게 훨씬 효과적이란 거예요.

공동체의 신뢰와 제도를 믿은 오스트롬

엘리너 오스트롬은 76세의 나이로, 노벨 경제학상을 수상한 최초의 여성 학자예요. 게다가 경제학자가 아닌 정치학자로서 노벨 경제학상을 받았죠! 오스트롬은 공유 자원이 고갈되는 문제에 대해 깊이 고민했어요. 경제학자들은 시장에 맡기거나, 정부가 관리하거나 둘 중 하나라고 생각했는데 오스트롬은 공동체가 해결할 수 있다고 믿었어요. 공동체의 신뢰와 제도로 공유 자원을 잘 관리한 곳들을 찾아다니면서 연구했죠. 경제학자들의 수학적 분석과 달리, 사례가 자세하고 방대해요. 오스트롬의 연구는 자원 관리 문제를 해결하는 데 자율적인 공동체 기반의 제도가 효과적인 대안이 될 수 있음을 보여 주었어요. 노벨 위원회는 "그녀는 공공의 자산이 다수의 경제 주체들에 의해 어떻게 성공적으로 활용될 수 있는지를 보여 주었다"고 밝혔습니다. 그녀의 바람대로 신뢰가 구축되고, 우호적이고 상호적인 관계에 대한 인식이 높아지면서 자율적인 제도가 마련되는 사회로 나아가길 기대합니다.

4 기후 클럽에 가입하지 않으면 관세 폭탄!

윌리엄 노드하우스(William D. Nordhaus, 1941~)
2018년 노벨 경제학상 수상
기후경제학

Q

얼마 전 길거리를 지나다가 바나나가 열린 나무를 봤어요. 세상에, 서울 길거리에 바나나가 주렁주렁 열려 있는 거 있죠? 비닐하우스도 아니고 그냥 도심 속 길거리였어요. 노랗게 익진 않은 초록 바나나였지만 한 송이 가득 큰 바나나였어요. 동남아시아도 아니고 이게 가능한 일인가 싶어요. 대구, 안동에서 잘 자라던 사과가 이제 점점 북쪽으로 올라와 재배지가 강원도가 되고 있단 얘기도 있던데요, 기후변화로 이런 현상이 생기는 건가요?

뉴스를 검색해 보니 정말 싱그러운 바나나 나무가 도심 한복판에 있네요![59] 2년 연속으로 바나나가 열렸다고 하는 걸 보니 기후변화로 인한 현상이 맞는 것 같습니다. 사과 재배지가 점차 북상한다는 얘기 저도 들었어요. 게다가 이제 우리나라에서 붉은 사과를 보기 힘들어질 수 있단 얘기도 있던 걸요? 사과가 자라는 시기에 기온 변화가 어느 정도 있어야 색이 붉어지는데 기온이 높은 상태로만 유지되면 붉어지지 않고 노란 사과가 될 수 있단 거예요. 어쩐지 사과는 빨간 게 맛있어 보이는데, 이런 날이 오지 않길 간절히 바랄 뿐입니다.

지구가 아파요

과일 이야기로 시작했지만, 현재 기후변화는 심각합니다. 우리나라를 비롯해 세계 곳곳에서 대규모 산불, 가뭄이 자주 발생하는 것도 기후변화가 원인입니다. 미국 플로리다주 마이애미의 해안가. 고급 주택들이 줄지어 들어서 있는 모습이 떠오를 겁니다. 저는 부자들이 별장 지어놓고 바다를 보며 여유로운 휴가를 즐기는 영화 장면들이 머릿속에 그려지네요.

그런데요, 이젠 이런 장면이 옛말이 되었습니다. 마이애미

---

59. 조선일보(2025. 7. 31), 서울에 동남아 과일 바나나 주렁주렁… 올리브 · 파파야도 국내서 키운다.

의 바닷가는요, 요즘 해수면이 점점 높아지면서 침수 위험지역이 되었다고 하거든요. 부자들이 고지대로 이동하니, 바로 해안에 인접한 오션뷰의 집보다 고지대의 집이 더 비싸졌다고 해요. 이탈리아의 베네치아도 사정이 비슷한데요, 베네치아는 워낙 지반이 약해서 점점 가라앉고 있다고 하고요. 잦은 침수 피해로 인해 주택을 유지하거나 침수에 대비한 보수 공사를 하는 데 막대한 비용이 발생해요. 그래서 베네치아에는 이런 비용을 감당할 수 있는 부자들만 남게 되었대요. 기후변화로 인해 저소득층이 살 공간에서 떠나게 되는 현상을 '기후 젠트리피케이션Climate Gentrification'이라고 부릅니다. 기후변화로 가난한 사람들이 거주지도 잃고 있다니 정말 마음이 아프죠?

기후변화, 정말 사람 때문이야?

예전에 비해 지구의 기온이 높아지며 기후변화가 생긴 건 사실인데요. 대체 왜 기후변화가 발생하는 걸까요? 어떤 이들은 지구의 온도가 높아진 건 자연스러운 현상이라고 주장해요. 사람의 영향으로 지구의 온도가 올라간 게 아니란 겁니다. 먼 옛날 빙하기가 있다가 자연히 온도가 올라갔듯 그냥 저절로 온도가 올라간 거라는 거죠. 하지만, 2023년 UN 산하 IPCC 및 UNEP에

    4장 세상을 이롭게 만든 경제학자들

서 발간한 기후변화 보고서[60]에 따르면 인간 활동, 특히 온실가스 배출이 지구 온난화의 명백한 원인이라고 밝혔어요. 지구 표면 온도는 1850~1900년과 비교해 이미 약 1.1℃ 상승했는데 그 주요한 원인이 인간 활동이라는 겁니다.

경제학자인 윌리엄 노드하우스William D. Nordhaus는 통제되지 않는 기후변화가 지구를 위협하고 거인처럼 미래를 잡아먹을 것이라고 경고해요. 마치 스페인 화가 고야가 그린 무시무시한 그림 속 괴물처럼 말이에요. 노드하우스는 기후변화의 원인과 기후변화로 인한 경제적 영향을 분석하고, 정책으로서의 해결책을 제시[61]했어요. 그리고 그 공로로 2018년 노벨 경제학상을 수상했어요.

60. IPCC (2023), AR6 Synthesis Report: Climate Change 2023; UNEP (2023), Climate Change 2023: Synthesis Report.

61. Nordhaus, W. D. (1992). The 'DICE'model: Background and structure of a dynamic integrated climate—economy model of the economics of global warming; Nordhaus, W. D. (2017). Revisiting the social cost of carbon. Proceedings of The National Academy of Sciences, 114(7), 1518—1523.

기후변화 원인은 부정적 외부 효과

노드하우스는 온실가스가 지나치게 많이 배출되는 원인으로, '부정적인 외부효과'를 꼽아요. 부정적 외부효과는 누군가의 활동이 다른 사람에게 피해를 주는데, 그에 대한 대가를 지불하지 않는 걸 말해요. 예를 들어 볼 게요. 우린 이동할 때 자동차, 기차, 비행기 등을 이용해요. 운송 수단에서 배출되는 가스엔 이산화탄소가 있죠. 전기차는 괜찮을까요? 아닙니다. 전기 사용을 위해 전력이 만들어질 때도 이산화탄소가 배출됩니다. 스마트폰을 사용하고, 밤에도 책을 보거나 유튜브를 보기 위해 전등을 켜죠. 우린 이산화탄소를 배출시키는 소비를 하면서 이를 처리할

4장 세상을 이롭게 만든 경제학자들

비용을 직접 지불하고 있지 않아요. 내 소비 때문에 의도치 않게 다른 사람이 손해를 보는데, 나는 그 손해에 대해 아무런 보상을 하지 않는 겁니다. 그럼 우린 어떻게 해야 할까요? 함께 온실가스를 줄일 수는 없을까요?

기후변화 문제의 해결책은 가격이야![62]

"기후변화에 대한 가장 효과적인 정책은 이산화탄소의 가격을 높이는 것이다."

노드하우스는 기후변화 문제를 해결하기 위한 해결책으로 '가격'을 제시합니다. 더 정확히는 이산화탄소를 배출하는 데 가격을 부과하자는 겁니다. '탄소세Carbon Tax' 혹은 '탄소 가격 Carbon Price'이라고 불려요. 몸에 나쁜 식품에 세금을 붙이면 사람들이 덜 소비하듯 지구에 나쁜 이산화탄소를 배출하는 활동에 세금을 붙이자고 하는 거예요. 그럼 기업들은 세금을 덜 내기 위해서 이산화탄소 배출을 덜 할 수 있는 친환경 생산 방식을 택하고, 친환경 제품을 만들고자 할 거예요. '보이지 않는 오염'에 '가

62. Nordhaus, W. D., & Radetzki, M. (1995). Managing the global commons: The economics of climate change. Energy Journal—Cleveland, 16(2), 132–134.

격'을 붙이면 시장이 스스로 문제를 해결해 나갈 거라고 하는 겁니다.

그렇다면 가격은 얼마가 적절할까요? 이산화탄소 배출로 인해 우리 사회와 지구가 얼마나 피해를 보는지 그 액수를 따져봐야 할 겁니다. 노드하우스의 연구에 따르면 2020년 기준, 이산화탄소 1톤이 배출될 때 지구가 입는 피해액은 약 36달러, 한화로 약 5만 원입니다. 피해를 메꾸려면 이산화탄소 1톤 배출당 최소 36달러는 내야 한다는 겁니다. 하지만 우리는 탄소 배출에 돈을 내고 있지 않죠. 필요한 것과 실제 행해지고 있는 것 사이에 엄청난 격차가 있는 거예요. '탄소세'라는 명확하고 효과적인 해결책이 있는데 제대로 행해지지 못하는 이유는 대체 뭘까요?

다 함께 노력하기 어려운 이유는 무임승차 문제 때문이야[63]

전 세계가 모두 함께 탄소세를 내자고 협약하고, 힘을 합쳐 이산화탄소 배출을 줄이면 좋을 텐데요. 왜 국제적인 협력은 번번이 실패할까요? 노드하우스는 그 근본적인 원인을 '무임승차 Free-Riding' 문제로 설명해요. 여러 명이 함께 준비하는 팀 프로젝트를 생각해 보세요. 몇몇은 밤을 새워가며 열심히 자료를 찾

63. Nordhaus, W. (2015). Climate clubs: Overcoming free-riding in international climate policy. American Economic Review, 105(4), 1339-1370.

4장 세상을 이롭게 만든 경제학자들

고 발표 자료를 만듭니다. 그런데 한둘은 아무것도 하지 않고 이름만 올려놓고는, 나중에 성과만 함께 나누려 하죠. 바로 이들이 '무임승차자'예요.

기후변화 문제도 이와 똑같아요. 어떤 나라가 막대한 돈과 노력을 들여 힘들게 이산화탄소 배출을 줄였다고 해봐요. 탄소 저감 장치도 만들고, 전력은 100% 재생에너지로 만들었죠. 그 덕분에 지구 전체의 환경이 조금 나아졌다면, 그 혜택은 열심히 노력한 나라뿐만 아니라 아무 노력도 하지 않은 다른 나라들까지 모두 함께 누리게 됩니다. 상황이 이렇다 보니, 모든 나라가 '다른 나라가 먼저 하겠지'라며 서로 눈치만 보고 누구도 적극적으로 나서려 하지 않는 문제가 발생합니다.

> "현재 세대는 공짜로 혜택을 누리고, 미래 세대가 대가를 치른다."

여기에 더해 노드하우스는 더 교묘한 '세대 간 무임승차' 문제도 있다고 말해요. 마치 신나게 파티를 즐기고 나서, 어질러진 온갖 쓰레기를 다음 날 어린 동생들에게 치우라고 떠넘기는 것과 같다는 거죠. 지금 우리는 값싼 에너지를 마음껏 쓰고, 망가진 지구는 미래 세대에게 떠넘긴다는 겁니다. 노드하우스는 무임승차 문제를 없앨 방법으로 획기적인 아이디어를 제안해요.

새로운 해법은 기후 클럽이다[64]

'다른 사람이 이산화탄소 배출을 줄여서 지구가 깨끗해지면, 난 그 혜택을 누려야지'라는 무임승차를 없앨 수 있는 방법으로 노드하우스가 제안한 건 '기후 클럽Climate Club'입니다. 이 기후 클럽은 기존의 국제 협약과는 전혀 다른 방식으로 작동해요. '클럽'의 속성을 이용한 거예요. 헬스 클럽에 가려면 회비를 내야 합니다. 회비를 낸 회원만이 시설을 이용하고 혜택을 누릴 수 있습니다. 회원이 아닌 사람은 들어올 수조차 없죠. 기후 클럽은 바로 이 원리를 국제사회에 적용한 거예요. 가입 조건이라는 회비를 내고 클럽에 들어오면, 회원국들은 함께 노력하여 기후변화의 위협을 줄이고 더 깨끗하고 안전한 지구 환경이라는 공동의 혜택을 누려요. 여기까지만 있으면, 이게 무슨 혜택이냐 할 수 있습니다. 가입하지 않은 나라도 지구가 깨끗해진 혜택을 함께 누릴 테니 말이죠.

하지만, 핵심은 회원으로 가입하지 않는 나라에는 '페널티'를 부여한다는 데 있습니다. 무임승차 하려는 국가는 회원국에 물건을 수출할 때 높은 '관세'를 물도록 하자는 거예요. 무임승차를 하면서 얻는 이익보다 클럽에 가입해서 관세를 면제 받고 함

64. Nordhaus, W. (2015). Climate clubs: Overcoming free-riding in international climate policy. American Economic Review, 105(4), 1339–1370.

 4장 세상을 이롭게 만든 경제학자들

께 노력하는 것이 국가에 훨씬 더 이득이 되도록 만드는 전략이죠. 즉, '함께하지 않으면 손해'라는 명확한 신호를 보내 무임승차의 유혹을 차단하도록 하자는 게 노드하우스의 주장입니다. 기후 클럽은 자발적인 참여에만 의존했던 기존의 국제 협력 방식의 한계를 넘어서, 경제적인 이득과 페널티를 통해 모든 국가의 책임 있는 행동을 이끌어 내는 강력한 해법이 될 수 있을 거예요!

1945년 이후 최근까지 우리는 인류 역사상 가장 평화로운 시대를 살았습니다. 1995년 세계무역기구WTO가 출범했고, 전 세계는 자유롭게 무역하는 방향으로 나아갔죠. 우리나라는 2025년 9월 기준으로 총 59개국과 22개의 자유무역협정FTA을 체결해 무역하고 있어요. 자유무역협정은 무역할 때 국경을 넘나들면서 부과되는 관세를 없애고 한 나라에서 물건, 서비스가 오가듯 수출입을 하는 건데요. 만약 세계의 자유무역이 기본값일 때, 노드하우스가 제안한 '기후 클럽' 비가입국에 대한 관세 페널티가 효력을 발휘할 수 있을 겁니다. 그런데 최근 들어 다시 서로 관세를 부과하는 방향의 무역 기조가 생기고 있기에, 기후 클럽 외에 또 다른 대안이 필요한 시점이 되었습니다.

5 층간 소음, 법으로 정해 줘!

로널드 코스(Ronald H. Coase, 1910~2013)
1991년 노벨 경제학상 수상
거래 비용, 제도의 경제학

Q

요즘 윗집에서 내부 인테리어 공사를 한다는데, 세상에 두 달이나 걸린대요. 3주 전쯤, 윗집에서 동의서를 받으러 왔는데 어쩌겠어요. 동의해 줬죠. 소음이 심한 건 철거하는 일주일 정도라고 했거든요? 그런데 지금까지도 드르륵 드르륵 시끄러워서, 낮엔 집에 있을 수가 없어요. 진동때문에 머리가 아프고 구역질이 나는 거예요. 어쩔 수 없이 카페에 앉아 있다 오곤 하는데요. 이웃이라 이해해야 한다지만, 그래도 두 달 동안 이런다고 생각하면 너무 화가 나는 거 있죠? 해결 방안이 없을까요?

층간 소음 문제, 어디서나 고민이죠. 저도 비슷한 경험이 있어요. 이웃이라 얼굴 붉히고 싶지 않은데, 반복되는 소음은 참 힘듭니다. 집에서 편안히 쉴 권리가 있는데 말이에요. 그런데 또 공사하는 집 입장에선 쾌적한 환경을 만들고 싶으니 수리하는 거잖아요. 그것도 자신의 권리라고 할 수 있을 겁니다.

수리하는 집 주인이 가인 씨, 아랫집에 사는 사람이 나연 씨라고 해 볼게요. 가인 씨의 권리라고 해도 집수리를 하는 행동은 분명 나연 씨에게 피해를 주고 있습니다. 그렇지만 그에 대해 나연 씨에게 아무런 보상을 해 주고 있진 않죠. 노드하우스의 이야기를 할 때 이렇게 어떤 이의 행동이 타인에게 피해를 주는 데 그에 대해 어떤 비용을 지불하지도, 보상을 하지도 않는 걸 '부정적 외부효과'라고 한다고 했죠. 층간 소음 문제는 부정적 외부효과의 대표적인 사례라고 할 수 있습니다. 부정적 외부효과에 대해 해결책이 없는 걸까요? 이 문제에 대해 고민한 경제학자가 있습니다. 1991년 노벨 경제학상을 수상한 로널드 코스Ronald H. Coase예요.

거래 비용이 0이라면 협상이 가능해

코스는 부정적 외부효과가 발생할 때, 두 사람의 이익과 손해가 얼마인지를 각각 따져본 다음, 협상을 하면 문제 해결이 가능하다고 했어요. 가인 씨가 집수리를 했을 때 800만 원만큼의 기쁨을 누린다고 하고, 나연 씨는 소음 때문에 고통스러운 정도를 돈으로 환산하면 500만 원이라고 해 봐요. 이때 가인 씨가 나연 씨에게 600만 원 정도로 보상해 주겠다고 제안하면, 나연 씨는 받아들일 가능성이 큽니다. 가인 씨가 느낀 기쁨 값 800만 원보다 적고, 나연 씨가 느낀 고통 값인 500만 원보다 많은 중간 가격을 보상으로 제공하는 거예요. 가인 씨는 집을 고친 기쁨을 느낄 수 있고 나연 씨는 보상으로 당분간 오피스텔을 얻어서 생활하거나 다른 방법을 찾아서 층간 소음을 피할 수 있을 거예요. 혹은 고통을 감수할 수도 있겠죠.

코스는 이처럼 두 사람 간에 협상하는 데 아무런 비용이 들지 않는다면, 즉 거래 비용이 0이라면 두 사람의 협상으로 사적인 해결이 가능하다고 했어요. 이걸 '코스의 정리Coase Theorem'라고 부르죠. 그런데 만약 가인 씨가 집수리를 해서 얻는 만족감은 500만 원 정도인데, 나연 씨가 받는 고통의 수준은 800만 원이라면 협상하기가 힘들 겁니다. 가인 씨가 나연 씨의 고통을 해결하

　　　　　　　　　　　4장 세상을 이롭게 만든 경제학자들

기 위해서 기쁨보다 더 큰 비용을 지불해야 하니까요. 게다가 현실에서는 둘이 협상하는 데 외적인 비용이 들어가는 경우가 많아요. 예컨대 두 사람이 각자 다른 언어를 쓰고 있어서 통역사를 중간에 두어야 할 수도 있고, 더 현실적으로 보면 변호사 선임 비용이 들어갈 수 있죠. 또, 이런 문제를 처리하느라 시간과 노력을 쏟는 것도 비용입니다.

법으로 무엇이 참고 견딜만한 수준인지 정해 줘!

이런 거래 비용이 크다면, 법이 중요해져요. 코스는 현실에서 거래 비용Transaction Costs이 발생하므로, 법이 중요하다는 걸 강조합니다.[65] 누가 어떤 권리를 가지는지를 법이 정해 주는 것이 매우 중요해지는 거예요. 우리나라 법에는 층간 소음에 대해 어떻게 되어 있을까요?

> **민법 217조**
>
> 제1항 　 토지소유자는 매연, 열기체, 액체, 음향, 진동 기타 이에 유사한 것으로 이웃 토지의 사용을 방해하거나 이웃 거주자의 생활에 고통을 주지 아니하도록 적당한 조처를 할 의무가 있다.
>
> 제2항 　 이웃 거주자는 전항의 사태가 이웃 토지의 통상의 용도에 적당한 것인 때에는 이를 인용(忍容; 참고 견딤)할 의무가 있다.

65. Coase, R. H. (1960). The problem of social cost. Journal of Law and Economics, 3, 1.

제1항에서는 고통을 주지 아니하도록 하라고 하는데 제2항에서는 제1항에서의 사태가 적당하면 참고 견디라니, 민법이 참 애매하죠? 가인 씨는 나연 씨에게 소음과 진동으로 피해를 주지 않아야 할 의무가 있고, 나연 씨도 가인 씨가 통상적 용도 내에서 사용하는 데 나는 소음이라면 참고 견뎌야 할 의무가 있으니까요. 여기서 핵심은 소음과 진동이 '통상적인 용도'의 범주에 들어가고, 참고 견딜 수 있는 수준인 거냐는 겁니다.

아파트가 많은 우리나라에선 정말 흔히 접하게 되는 일이라, 상세한 법이 필요해요. 안 그러면 분쟁의 소지가 크니까요. 그래서 환경부와 국토교통부에서는 '공동주택 층간 소음의 범위와 기준에 관한 규칙'을 만들어 구체적으로 소음의 크기(데시벨) 기준을 정해 두었어요. 이 기준을 초과하면 층간 소음으로 인정될 가능성이 높은 거죠. 주중인지, 주말인지, 낮인지 밤인지에 따라서도 그 소리와 진동의 데시벨 기준이 달라져요. 주말과 밤엔 소리가 작아야 한다고 되어있어요. 이렇게 구체적으로 정해 두어야 분쟁이 덜 발생할 수 있거든요.

코스가 강조한 제도적 요인

코스는 이처럼 실제 사람들이 어떻게 움직이는지, 실제로 어떤 문제가 발생하고, 어떻게 서로 계약하는지처럼 구체적인 일들을 관찰하고, 데이터를 수집하고 분석했어요. 현실에서 분석한 데이터를 통해 현실 경제가 어떻게 작동하는지 제대로 이해할 수 있다고 믿었기 때문입니다. 코스는 거래 비용의 중요성과 경제의 제도적 구조와 기능에 대한 재산권의 중요성을 발견하고 명확히 밝힌 공로로 1991년에 노벨 경제학상을 수상했어요. 코즈는 기존의 경제학 이론에서는 거래 비용을 고려하지 않고 분석해서 현실을 반영하지 못함을 지적했죠. 그는 거래 비용이 결코 '0'이 아니라는 사실이 기업의 형태, 다양한 계약 방식, 많은 법을 포함한 다양한 경제 제도를 형성하는 핵심적인 이유임을 설명했어요.

6 알맞은 회사와 인재를 매칭시켜 줘!

앨빈 로스(Alvin E. Roth, 1951~)
로이드 섀플리(Lloyd S. Shapley, 1923~2016)
2012년 노벨 경제학상 수상
시장 설계

Q

요즘 취업하기 정말 어렵다고 하잖아요! 대학 다니면서 학점 관리를 잘하고 영어를 잘하는 건 기본이죠. 또 토익 점수는 만점에 가깝게 받고, 중국어나 일본어 등 제2외국어 하나쯤은 하죠. 유명하다는 봉사 활동도 찾아서 한다고들 하고, 코딩 능력 인증 시험 등 온갖 자격시험을 다 보고요. 게다가 이력서를 200장씩 넣는데, 그래도 취업이 될까 말까 한다고 하더라고요. 그런데, 또 저희 대기업 인사 팀장인 이모는 요즘 인재를 찾기 어렵다고 말씀하시는 거예요. 지원은 많이 해도 뽑을 사람이 없다고요. 이건 대체 무슨 말인지 모르겠어요! 회사에선 원하는 인재를 못 찾고, 구직자는 원하는 회사를 못 찾는 이유가 뭘까요?

요즘 취업이 어렵단 얘기 많이 들어요. '낙타가 바늘구멍 들어가기' 같다고요. 일반적인 상품은 가격이 모든 걸 결정해요. 마트에서 사과를 사고 싶으면, 가격만큼 돈을 내면 됩니다. 마트 주인한테 굳이 잘 보이려 할 필요는 없어요. 하지만 우리 삶에서 중요한 몇몇 시장은요, 가격만으로 해결되지 않습니다. 대표적인 게 구직 시장입니다. 구글에 취업하고 싶다고 해서 출근한다고 통보할 수 있나요? 안 됩니다. 구글이 고용해야 갈 수 있어요. 결혼도 비슷해요. 내가 원하는 상대에게 결혼해 달라고 했다고 결혼할 수 있는 게 아니잖아요. 나도 상대방에게 선택받아야 하기 때문이죠.

2012년 노벨 경제학상을 수상한 로이드 섀플리Lloyd S. Shapley와 앨빈 로스Alvin E. Roth는 이런 시장을 '매칭 시장 Matching Markets'이라고 표현하며 분석합니다. 매칭 시장이 성공적으로 작동하려면 '안정적 매칭'이 아주 중요하다고 말해요. 안정적인 매칭은 '누구도 현재의 짝을 버리고 다른 짝을 찾아 떠나지 않으려는 상태'예요. 서로 잘 맞는 커플은 오래 가잖아요!

남녀 매칭은 어떻게 해야 안정적일까?

새플리는 남녀 매칭 시장에서 어떤 매칭을 할 때 사회 전체적으로 가장 바람직한 결과를 가져오는지 분석합니다. 제 생각은 남녀 관계에선 서로의 끌림이 제일 중요한 것이고, 서로 좋아하면 다른 사람을 굳이 찾지 않는다는 것이지만요, 여기선 섀플리의 생각을 얘기해 볼게요. 단순하게, 매력도가 아주 높은 남자 A와 여자 B가 있어요. 그리고 매력도가 상대적으로 떨어지는 남자 a와 여자 b가 있습니다. 4명을 안정적으로 매칭하려면 어떻게 짝을 짓는 것이 가장 좋을까요? 여기서 안정적인 상태는 자신의 배우자가 아닌 다른 사람에게 눈 돌리는 일이 생기지 않는 거예요.

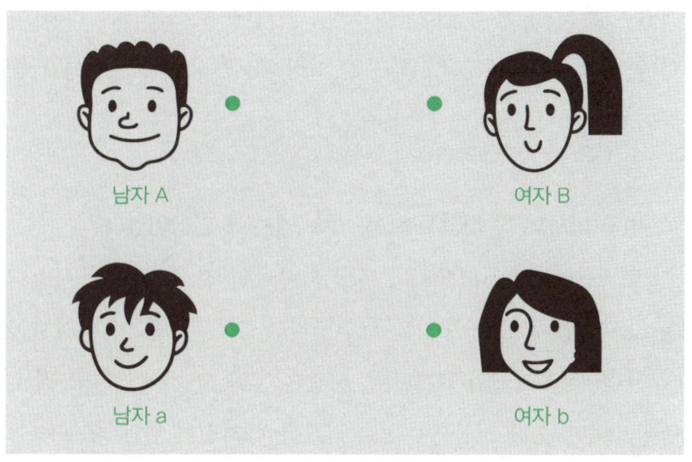

안정적인 사회를 위해서는 남자 A와 여자 B, 남자 a와 여자 b로 커플을 이루는 게 좋다는 겁니다. 만약 남자 A가 여자 b와 사귀게 되면, 남자 A는 여자 b보다 상대적으로 매력적인 여자 B를

봤을 때 만나고 싶단 생각을 하게 될 수 있단 거예요. 남자 a와 사귀는 여자 B도 남자 A를 보고 만족스럽지 않은 남자친구인 a 대신 남자 A와 만나기를 바랄 것이고요. 두 사람이 연인 관계가 아니라 결혼한 상태였다면, 불륜으로 이어질 수도 있겠죠. 불필요한 사회적 비용이 발생한다는 겁니다. 만약 처음부터 남자 A와 여자 B, 남자 a와 여자 b로 매칭한다면 불륜이 일어날 가능성은 낮을 겁니다. 설령 남자 a와 여자 b가 서로 불만족스럽더라도 남자 A와 여자 B는 서로에게 만족하며 살 것이기 때문이죠. 이것이 게임 이론의 '전통적 결혼 알고리즘'입니다. 로스는 섀플리의 이런 안정적 매칭의 원리[66]를 구직 시장, 학교-학생 매칭, 신장 등 장기 이식 수술을 위한 장기 매칭에 적용될 수 있다고 봤어요.

미국 의사의 첫 직장 구하기, 약속 깨는 게 일상이었다?

로스는 1950년대 도입된 미국 의사들의 첫 직장 매칭 시스템을 분석하면서 그 가능성을 확인합니다. 1900년대, 미국 의사들의 첫 직장인 전공의(레지던트) 시장은 혼란 그 자체였다고 해요. 병원들이 우수한 전공의를 경쟁적으로 데려오기 위해 채용 시기를 앞당기다 보니, 대학 졸업도 안 한 의대생들을 미리 채용했다

66. Gale, D., & Shapley, L. S. (1962). College admissions and the stability of marriage. The American Mathematical Monthly, 69(1), 9–15.

고 해요. 정확히는 2~3년 후 채용하기로 약속한 거죠. 의대생들은 나중에 더 좋은 기회가 와도 이미 채용 제안을 수락했기에 불만족스럽게 병원 일을 시작하는 경우가 많았어요. 경우에 따라선 의대생이 더 매력적인 병원에서 제안받으면, 기존 약속을 깨버리거나, 반대로 병원 측이 채용하기로 해 놓고는 나중에 더 적합한 지원자를 찾으면 채용 약속을 취소하는 사례가 발생했죠. 그러다 1950년대에 '중앙 집중식 매칭 시스템National Resident Matching Program, NRMP'이란 게 도입되면서 이 혼란이 사라집니다.

이 시스템의 특별한 점은 '중앙 시스템'과 '순위'예요. 의대생은 가고 싶은 병원 순위를, 병원은 채용하고 싶은 의대생 순위를 매겨서 중앙 시스템에 제출해요. 이 과정에서 병원과 의대생이 다른 사람이나 병원에 눈 돌리지 않을 안정적인 매칭을 찾습니다.

예를 들어볼게요. A 병원과 B 병원이 있습니다. A 병원은 X 학생과 매칭되었어요. 하지만 X 학생에 대한 선호도는 A 병원보다 B 병원이 더 높습니다. 그럼 X 학생은 B 병원에 눈을 돌릴 수 있겠죠. 하지만 B 병원에도 매칭된 Z 학생이 있습니다. B 병원의 선호도는 X 학생보다 Z 학생이 높아요. 정리하면 A 병원과 비교했을 때 X 학생에 대한 선호도는 B 병원이 높지만 B 병원의 기준에서 학생을 비교했을 때는 X 학생보다 Z 학생의 선호도가 높은 거예요. B 병원은 X 학생을 데려가지 않아서 이동이 일어나지 않

          4장 세상을 이롭게 만든 경제학자들

죠. 결과적으로 A 병원에선 X 학생을, B 병원에선 Z 학생을 데려
가게 됩니다.

　의대생과 병원 모두 만족할 만한 매칭이 되어서 전공의 구
인/구직 시장의 50년 혼란이 사라진 거예요.[67] 참고로 요즘은 다
양한 분야의 인재들이 Linked-In에 자신의 정보를 넣어 두면 회
사가 보고 연락해 오는 경우가 많다고 해요! 중앙 매칭 플랫폼
같은 역할을 하는 느낌이랄까요?

진짜 원하는 고등학교를 1순위로 적어도 돼!

　로스는 이와 유사한 시스템을 2003년 뉴욕시 고등학교의 학
교-학생 매칭에 적용해요. 기존 뉴욕의 고등학교 지원 시스템에
서는, 1~3순위를 써냈는데 가장 큰 문제는 학생들이 진짜 원하
는 학교를 1순위로 적으면 오히려 불리해질 수 있었다는 겁니다.
A 학교를 가장 원하지만, 경쟁이 치열해서 떨어질 것 같아요. 그
럼, B 학교를 1순위로 적고, 진짜 원하는 A 학교를 2순위로 적는
'전략'을 쓰는 경우가 있거든요. 만약 지원자가 진짜 원하는 A 학
교에 1순위로 지원했다가 떨어지면, 2순위인 B 학교에 다시 지
원할 때는 이미 다른 학생들이 B 학교를 1순위로 적어서 자리

67. Roth, A. E., & Peranson, E. (1999). The redesign of the matching market for American physicians: Some engineering aspects of economic design. American Economic Review, 89(4), 748–780.

가 꽉 차버렸을 수 있으니까요. 로스는 1순위 지원자에 대해 학교가 '즉각 수락'하는 게 학생들이 원하는 학교를 솔직히 써내지 못하게 되는 원인으로 봤어요. 모두가 전략적으로 학교를 지원했음에도, 아무 학교에도 들어가지 못한 학생들이 수만 명이 되는 문제가 생겼어요. 수만 명의 학생들은 무작위 추첨으로 아무 곳에나 배정되었죠.

로스는 고등학교에 진학할 때, 솔직하게 1순위 학교를 써내고 가능한 원하는 학교에 배정받도록 돕는 DAADeferred Acceptance Algorithm[68]라는 시스템을 만들어요. DDA는 지연 수락 알고리즘으로 복잡한 학교 배정을 마치 신중한 '짝꿍 찾기 게임'처럼 여러 단계를 거쳐 진행해요. 가장 중요한 규칙은 '합격은 최종까지 미룬다'는 겁니다.

1단계는 학생이 중앙 시스템에 학교 선호도를 제출하고, 학교도 학생들을 선발하는 자신들의 기준인 성적, 거리, 면접 점수 등을 중앙 시스템에 제출하는 거예요. 2단계는 학생들이 모두 가장 원하는 1순위 학교에 지원서를 넣는 겁니다. 3단계는 학교에서 지원서를 보고 자기들이 가장 원하는 학생들을 정원만큼만 임시로 붙잡아 두는 겁니다. 나머지 학생들은 거절하고요. 중

---

68. 섀플리가 이론적으로 분석한 지연된 수락 알고리즘(Deferred Acceptance Algorithm) 을 기반으로 하는 새로운 알고리즘으로 만듦.

     4장 세상을 이롭게 만든 경제학자들

요 포인트는요, 이때 학교가 붙잡아 둔 학생들이 최종 합격은 아니란 거예요. 4단계는 1순위 학교에서 거절당한 학생들이 2순위 학교에 바로 다시 지원하는 거예요. 2순위 학교는 새로 지원한 학생들과 기존에 임시로 붙잡아 둔 학생들을 모두 다시 심사해요. 만약 새로 온 학생이 기존에 임시로 붙잡아 둔 학생보다 더 좋다면, 학교는 새로운 학생을 다시 임시로 붙잡아요. 거절 당한 학생은 또다시 다음 순위 학교로 옮겨가 지원해요. 더 이상 거절 당하는 학생이 없을 때까지 이 과정을 반복하면, 마지막까지 학교가 임시로 붙잡아 둔 학생들은 최종적으로 합격이 결정돼요.

DAA가 좋은 이유는 1순위 학교를 솔직하게 1순위로 지원해도 손해 볼 일이 없다는 거예요. 1순위 학교에 지원했다가 떨어져도, 2순위 학교에 지원할 때 전혀 불이익이 되지 않고요. 자신이 2순위로 지원한 학교에서도 처음부터 그 학교를 1순위로 적은 친구와 완전히 똑같은 기회를 가지고 경쟁할 수 있는 게 장점이죠. 1순위에서 떨어진 게 문제가 되지 않거든요. 예전 시스템은 1순위 학교에서 떨어지면, 2순위 학교는 이미 합격이 확정된 학생들로 꽉 차서 지원 기회조차 없었잖아요. 그래서 학생들은 진짜 원하는 학교 대신 '붙을 만한 학교'를 1순위로 적어야 했는데 그럴 일이 없어진 겁니다. 핵심은 학교가 합격을 최종까지 미룸으로써 '먼저 차지하는 사람이 임자'인 상황을 없애고, 모두가 솔직하게 원하는 바를 말해도 안전한 시스템을 만든 거예요.

경제학으로 생명을 구하다

로스는 DAA를 '장기 이식' 매칭에도 적용해서, '신장 이식 교환 프로그램Kidney Paired Donation, KPD'을 만들어요. 신장이나 간이 안 좋아서 몇 년씩 고생하다가 이식받는 사례를 주변에서도 봤는데요. 간은 일부를 떼어 주더라도 남은 간이 몇 달에 걸쳐 원래 크기와 거의 비슷하게 다시 재생되고, 신장은 우리 몸에 두 개가 있어서 신장이식이 필요한 경우, 가족 간에 해 주는 경우가 있습니다. 그런데 가족 간에 조건이 맞지 않으면 다른 기증자를 찾아야 해서 수술이 힘들어지죠.

이처럼 어려운 장기 이식 기증자 찾기에 혁신적인 도움을 준 게 로스의 신장 이식 교환 프로그램입니다.[69] 신장이 필요한 환자가 기증자와 이식 조건이 맞지 않을 때, 다른 기증자-환자 쌍과 서로 기증자를 맞교환하여 모두에게 이식을 가능하게 하는 거예요. DAA처럼 중앙 시스템에 환자 정보를 입력해서 매칭이 잘 될 수 있게 도와줍니다. 신부전 환자 A는 기증자 A′가 있지만, 혈액형 등 이유로 이식이 불가능하고, 환자 B는 기증자 B′가 있지만, 면역 조건이 안 맞아서 이식을 못 해요. 이 두 쌍 A-A′, B-B′을 시스템에 등록하면 의학적 조건을 분석하여, A에게는 B′

69. Roth, A. E., Sönmez, T., & Ünver, M. U. (2004). Kidney exchange. The Quarterly Journal of Economics, 119(2), 457–488.

의 신장을, B에게는 A′의 신장을 이식할 수 있도록 '교환 짝'을 찾아내 주는 거예요. A′는 B에게, B′는 A에게 주도록이요. 교환 짝이 발견되면, 두 쌍의 환자와 기증자는 정해진 시간에 동시에 수술을 진행하는 거죠. 가족이나 지인의 신장을 기증받고 싶어도 의학적 조건이 맞지 않아 포기해야 했던 수많은 환자들에게 도움을 준 겁니다. 미국 각 지역에 흩어져 있던 지역 이식 센터를 중앙 시스템으로 통합해서 매칭에 성공해 많은 사람이 이식 기회를 얻어 건강을 찾았거든요.[70]

경제학 연구의 가장 큰 기쁨은 생명을 구하는 것!

로스와 섀플리는 안정적인 배분 이론과 시장 설계에 대한 공헌으로 2012년 노벨 경제학상을 공동으로 수상합니다. 섀플리는 수학적 게임 이론을 통해 복잡한 시장 상황에 대한 가장 근본적인 이론적 통찰을 제공했고, 로스는 이론을 실제 현실 문제에 적용하여 효율적이고 윤리적인 매칭 시장을 설계하는 데 성공했죠. 로스는 '경제학을 통해 실제 생명을 구하는 일'이 그의 연구의 가장 중요한 성과이자 기쁨이라고 말해요. 경제학이 현실에서 수많은 생명을 구한 사례가 된 거죠! 뉴욕 고등학교 지원

70. Roth, A. E., Sönmez, T., & Ünver, M. U. (2005). A kidney exchange clearinghouse in new england. American Economic Review, 95(2), 376–380.

시스템도 매우 효율적이어서 학생들과 학교의 만족도를 높였고
요. 우리나라도 2004년부터 세브란스 병원, 삼성서울 병원 등 주
요 이식 기관을 중심으로 인터넷 기반의 신장 교환Web-Based
Exchange 프로그램 개발이 시작되어 임상에 적용되기 시작했어
요.[71] 프로그램 운영 초기에는 몇몇 대형 병원 위주로 교환 이식
이 이루어졌는데, 점차 병원 간의 협력 및 시스템 개선을 통해
교환 이식 혜택을 받는 환자의 수가 증가하는 추세라고 합니다.
고등학교 지원 프로그램도 앨빈 로스가 개발한 방식을 적용해
보면 좋을 것 같은데, 여러분 생각은 어떠세요?

71. 허규하, 김범석, & 김유선. (2008). 특집/공여자 교환을 통한 신장 이식 프로그램의 현
    황과 발전방향. 대한의사협회지, 51(8), 717–723.

     4장 세상을 이롭게 만든 경제학자들

NOBEL PRIZES

5장

경제 성장을 이끈
경제학자들

1
저축vs소비,
무엇이 더 경제를 성장시킬까?

로버트 솔로(Robert M. Solow, 1924~2023)
1987년 노벨 경제학상 수상
자본 투입과 경제 성장, 외생적 성장 이론

Q

요즘 한 신문사에서 주최하는 '30초 영화 공모전'에 출품하려고 영상 제작을 준비하고 있어요. 짧은 영상을 만드는 데 참고할 수 있는 좋은 아이템은 역시 광고란 생각에, 여러 광고들을 찾아봤죠. 그러다 신기한 걸 발견했어요. 1980년대 우리나라 공익광고인데, 절약이 미덕이라며 저축을 강조하는 거였어요. 물론 저축이 중요하죠. 하지만 문제는 지나치게 소비를 절제하고 저축을 강조하는 느낌인 거였어요. 경제가 잘 돌아가려면 '소비'가 뒷받침되어야죠. 그게 상식 아닌가요? 저축만 강조하던 그 시절, 경제 상황은 어땠던 건가요?

1960년대부터 1980년대까지 우리나라의 경제 정책은 한마디로 '수출 주도 산업화'였어요. 무조건 물건을 잘 만들어서 외국으로 수출하자는 건데요, 물건을 만들려면 돈이 필요합니다. 돈은 어디서 나오느냐, 정부가 기업에 지원해 줍니다. 우리나라가 미국과 일본에서 받은 돈, 빌린 돈도 있었고요. 기업이 은행에서 빌리기도 했죠. 정부는 은행에다가 낮은 이자로 기업에게 돈을 빌려 주라고 했어요. 그러려면 은행에 돈이 있어야겠죠? 그 돈, 국민들이 저축을 해야 생겼던 겁니다. 저축을 강조했던 이유, 조금은 설명이 되었나요? 당시 우리 정부에서 이런 생각을 했던 데는 경제학자 로버트 솔로Robert M. Solow의 경제 성장에 대한 이론[72]이 뒷받침되었습니다. 솔로의 경제 성장에 대한 이론은 1956년에 '경제 성장 이론에 대한 기여A Contribution to The Theory of Economic Growth'란 논문으로 발표되었는데요, 1960년대 경제 개발 계획을 시작한 우리나라가 그의 이론을 바로 적용한 겁니다.

경제 성장의 원동력과 저축

로버트 솔로는 노동, 자본, 기술이 경제 성장을 결정한다고

72. Solow, R. M. (1956). A contribution to the theory of economic growth. The Quarterly Journal of Economics, 70(1), 65–94.

봤어요. 그리고 단기적으로 봤을 때, 노동과 기술 수준이 고정되어 있다면 경제 성장은 자본의 증가에 의해 결정된다고 했습니다. 기존의 이론에서는 기계(자본)와 노동(사람)의 비율이 정해져 있어서 그 비율을 바꿀 수 없다고 생각했거든요. 솔로는 현실은 그렇지 않다고 봤어요. 열 명이 하던 일을 성능이 좋은 기계한 대가 할 수도 있는 거니까요. 그래서 자본의 투입이 많아질수록 경제가 빠르게 성장할 수 있다고 본 겁니다.

국가의 자본을 어떻게 늘려야 하느냐고 물으면, 솔로는 저축을 강조했어요. 사람들이 일을 해서 생긴 소득 중 일부를 저축해야 한다고요. 그 저축이 미래에 쓰일 투자로 이어질 거라고 설명했어요. 여기서 투자란, 개인이 주식을 사는 게 아니고, 기업이 생산에 쓰는 기계나 설비를 사는 것을 말해요. 그리고 기계나 설비가 곧 자본이죠. 한마디로 정리하자면, 개인이 저축한 돈을 은행이 기업에게 빌려 주면, 기업은 기계를 사서 생산량을 늘리고, 나라의 자본도 늘어나게 된다는 거죠.

솔로는 이 과정에서 경제가 저절로 장기적인 안정을 찾아간다고 했어요. 노동 인구 증가율에 맞춰 자본이 너무 많지도 않고, 적지도 않은, '자본-노동 비율'을 찾는다는 거예요. 이 비율이 정해지면, 인구 증가율에 비례하여 자본과 생산량이 꾸준히 함께 성장하는 균형 잡힌 성장을 계속 이어갈 수 있다고 예측했죠. 그리고 일시적으로 자본이 넘치거나 부족해도 자본과 노동

     5장 경제 성장을 이끈 경제학자들

을 유연하게 쓸 수 있기 때문에 시장이 스스로 조절하여 안정된
장기 성장 궤도로 되돌아온다고 설명했어요.

솔로의 경제 성장 모델로 성장한 한국

1960년대~1980년대 우리나라는 '잘 살아보세'를 외치며 저
축했어요. 저축이 자본이 되어 기업들의 설비 투자로 이어졌죠.
기업은 수출할 목적으로 상품을 만들었어요. 대표적인 예가 자
동차이죠. 그런데 한 번도 자동차를 만들어 본 적 없는 나라에서
자동차를 만드는데 잘 만들 리가 있나요? 그리고 조악하게 만든
자동차를 미국에 수출한다고 하면 그걸 소비자들이 사줄까요?
폭스바겐, 도요타, 포드랑 경쟁해야 했는데 말이에요.

그래서 우리나라는 자동차를 매우 싸게 팔 수밖에 없었어
요. 생산에 들어간 비용보다도 싸게요. 그러느라 정부는 기업에
보조금을 엄청 줬어요. 또 은행은 매우 싼 이자로 돈을 빌려줬
고요. 국민들은 수출품을 만드는 기업에서 돈을 벌고, 번 돈을
또 저축했어요. 그 저축이 다시 기업들의 투자로 이어졌죠.

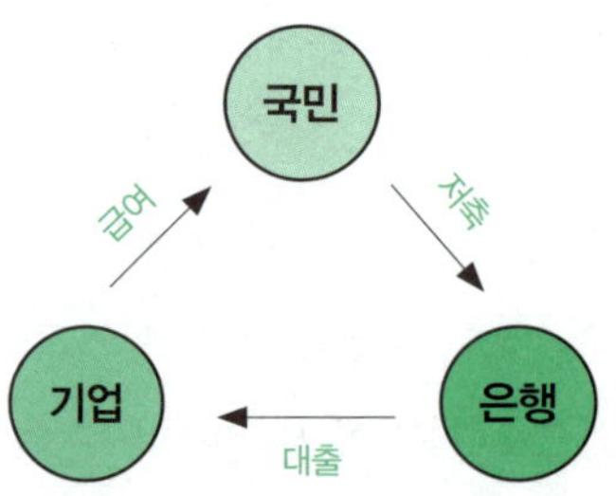

그리고 정부는 국내에서 다른 나라 자동차가 수입되지 못하게 막았습니다. 외국에선 엄청 낮은 가격에 팔았던 우리나라의 첫 자동차 포니. 국내에선 비싸게 팔았죠. 국민들은 선택지가 없으니까 비싸도 포니를 선택할 수밖에 없었고요.

"소비자들이 호구냐!" 화난 목소리가 제게 들리는 듯하네요. 그런데요, 비싼 포니를 살 수밖에 없게 만들어 놓고 정부에서는 은행에게 예금에 대한 이자는 많이 주라고 했어요. 저축을 장려하기 위해서였죠. 그래야 기업이 은행에 모인 돈을 싸게 빌려 다시 투자할 수 있었으니까요. 1980년 1년 예금 이자율이 24%였다고 하니 엄청나죠?[73] 일반적으로 은행은 대출 금리를 예금 금리보다 높게 받아 그 차이를 이익으로 내서 운영해야 하는 건데, 거꾸로 운영되었던 겁니다. 한국은행에 따르면, 1982~1989년 한국의 연평균 경제 성장률은 실질 GDP 기준 10.40%에 이릅니다.[74] 매년 10%씩 경제가 성장한 것이니 엄청나죠. 솔로가 얘기하는 '저축과 투자가 빠른 경제 성장으로 이어진' 전형적인 사례라고 볼 수 있을 겁니다.

73. 한국은행 경제통계시스템(ECOS).
74. 한국은행 경제통계시스템(ECOS).

자본 투입 경제 발전에도 한계가 있다

비슷한 시기에 함께 빠르게 성장한 홍콩, 싱가포르, 한국, 대만을 '아시아의 네 마리 용'이라고 부르곤 하는데요, 이 네 곳 모두 자본 투입으로 경제가 빠르게 성장했다는 공통점이 있습니다. 하지만 현재 시점에도 개발도상국이 저축하고 자본을 축적하면 경제가 빠르게 성장할까요? 앞서 설명했듯 당시 우리나라는 정부 주도로 다양한 정책을 시행하며 국가 보조금을 많이 지급했고, 외국 상품의 수입을 막았습니다. 여러 조건들이 함께 작용한 거예요. 하지만 솔로의 이론에 우리나라와 같은 조건들이 들어가 있지 않습니다.

솔로는 개개인이 저축으로 자본을 많이 축적하면 개인의 생산성이 높아져서 개인의 1인당 국민소득이 높아진다고 주장합니다. 예컨대 매일 새벽 걸어서 우유를 배달하던 사람에게 자전거가 생기면 생산성이 엄청나게 늘어나게 되는 것과 같죠. 하지만 이 사람이 자전거를 여러 대 사서 번갈아 사용한다고 해서 처음 자전거를 샀을 때만큼 생산성이 증가하진 않을 거예요. 자전거를 타는 건 한 사람, 개인이니까요. 여러 사람이 도와준다거나 이동수단을 자전거보다 훨씬 빠른 오토바이로 바꾼다면 이야기는 달라지겠지만요. 현실에서는 단순히 자본이 많이 투입된다고 해서 계속 빠른 경제 성장이 이루어지지 않는다는 겁니다.

또 솔로는 자본이 국가 간에도 활발히 움직일 수 있다고 생각했어요. 자본은 생산성이 더 높은 곳을 찾아갈 거라고 생각했죠. 선진국과 개발도상국에서 같은 양의 자본이 쓰였을 때, 개발도상국에서는 노동 비용이 싸니, 생산성 증가가 더 클 수 있으니까요. 자본이 개발도상국으로 빠르게 이동해서 개발도상국이 선진국을 따라잡을 수 있을 거라고 생각했죠. 하지만 그렇지 않다는 건 역사적으로 증명되었어요. 아프리카, 남미, 아시아의 개발도상국들은 여전히 개발도상국에 머물고 있고, 자본은 선진국으로 몰리고 있죠. 기술이 발전하면서 선진국에 자본이 투입되었을 때 오히려 생산성이 더 높은 경우가 많기도 하고요. AI, 반도체 등이 대표적이라고 볼 수 있죠.

기술 발전이 중요하다!

솔로는 자신의 경제 성장 모델에 '기술 발전Technological Change'의 개념을 나중에 추가했어요. 이 모델은 시간이 지남에 따라 기술이 발전하는 것을 고려할 수 있으며, 실제 장기적인 경제 성장을 설명할 때 기술 혁신이 자본 축적만큼이나, 혹은 그 이상으로 중요하다는 것을 보여줍니다.

걸어 다니다가 자전거를 타고, 자전거를 타다 오토바이를 타는 일인 거죠. 하지만 단기적으론 기술 수준이 외적으로 주어지는 것으로 보았어요. 그러니까, 기술 혁신이 경제 내부 요인이 아니라는 거죠. 기술이 '외생적'으로 주어졌다고 봤다는 의미에서 솔로의 이론을 '외생적 경제 성장 이론'이라고도 불러요.

그의 이론에는 한계점이 있긴 하지만 기존의 노동-자본의 고정된 투입 비율에서 벗어나 자본 투입에 따른 성장을 강조해 우리나라를 비롯한 아시아의 네 마리 용이 성장하는 데 큰 동력이 되었어요. 또, 생산에 필요한 요소로써 '기술'의 중요성을 찾은 건 후대 경제 성장 연구와 적용에 큰 영향을 주었고요. 이러한 공로를 인정받아 그는 1987년 노벨 경제학상을 수상합니다. 1956년에 쓴 연구 성과로 30년 만에 영광을 누리게 된 겁니다. 인터뷰에서 그에게 성과가 인정받는 데 30년이나 걸린 이유가 무엇이라 생각하는지 물었을 때, 그는 다음과 답해요.

글씨보다는 경제 성장에 대한 연구이기에, 그 성과가 증명되는데 시간이 걸린 게 아닐까 싶어요. 그의 노벨 경제학상 수상엔 우리나라의 경제 성장이 커다란 한 스푼을 보태준 게 아닐까요?

2

다이어트 신약이
경쟁적으로 쏟아져 나오는 이유?

폴 로머(Paul M. Romer, 1955~)
2018년 노벨 경제학상 수상
필리프 아기옹(Philippe M. Aghion, 1956~)
피터 하윗(Peter W. Howitt, 1946~)
2025년 노벨 경제학상 공동 수상
아이디어와 제도, 창조적 파괴, 내생적 경제 성장

Q

요즘 신약 열풍이 부는 느낌이 들어요. 우리나라 사람들이 다이어트에 관심이 많아서일까요? 뉴스를 보니 얼마 전까지 다이어트 주사제 '위고비'가 아주 선풍적인 인기를 끌고 있다가, 새로운 약 '마운자로'가 나오니 가격을 낮추며 경쟁한다고 하더라고요? 둘 다 몸에서 나오는 포만감을 주는 물질인 GLP-1을 이용하는데 그게 원래 당뇨병 치료제에 쓰였다니 더 신기했어요. 이렇게 뭔가 새로운 기술들이 비슷한 시기에 여러 나라에서 쏟아져 나오는 게 신기해서요. 어쩜 비슷한 시기에 여러 곳에서 이렇게 나올까요?

요즘 다이어트 주사제의 경쟁이 시작되었단 얘기는 들었어요. 2023년 덴마크의 제약회사에서 개발한 신약이 선풍적인 인기를 끌면서, 그 기업의 시가총액이 당시 덴마크의 GDP를 넘어섰었어요. 한 회사의 규모가 나라 전체의 1년 경제 규모보다 커진 셈이니, 신약 개발이 한 나라의 성장을 이끌었다고 해도 과언이 아닙니다. 이 사례에서 덴마크의 경제 성장을 이끈 가장 큰 핵심은 뭘까요? 바로 '아이디어'예요!

아이디어와 제도는 경제 성장의 핵심

당뇨병 치료제로 사용하던 물질의 부작용인 식욕 감소에 주목하고, 이를 주사제로 개발해 다이어트에 이용하면 좋겠다는 아이디어. 신약 개발이라는 신기술의 발전은 '아이디어'에서 나왔죠. 새로운 아이디어로 앞서간 덴마크 회사의 독주가 지속되나 했는데 이번엔 미국 회사에서 조금 다른 신약을 내놓았어요. 비슷한 약이라니 왠지 아이디어를 따라 한 것 같고, 도의적인 문제는 없는 건가 궁금해지죠.

신기술 발전에는 중요한 요인이 있어요. '제도'예요. 약은 개발하는 방법을 연구하고 개발하는 데 시간과 비용이 많이 들어가지만, 한번 방법을 알게 되면 따라서 만드는 건 어렵지 않거든요. 그래서 새롭게 연구하고 개발해 낸 신약은 일정 기간 개발한 사람 혹은 회사만 독점적으로 사용할 수 있도록 권리를 보장해 주고 있어요. 개발한 과실을 누릴 수 있도록 말이죠. 하지만, '일정 기간'이라고 얘기한 이유가 있어요! 영원히 독점적으로 기술을 사용하게 하면요, 대체재가 없기 때문에 독점 회사에서 가격을 올려도 할 수 있는 게 없어요. 돈이 없는 사람들은 신약의 혜택을 누릴 수 없는 문제가 생기죠. 또 회사 입장에서 보면 더 이상 새로운 것을 개발할 이유가 사라져요. 세상에 단 하나뿐인 유일한 무기를 가지게 되는 거니까요. 그러니 문제가 되죠. 어느 정도 개발한 걸로 과실을 누렸으면, 또 새로운 아이디어를 내면서 발전하는 게 좋잖아요! 그래서 독점할 수 있는 기간을 정해놓는 거예요. 새로운 아이디어와 아이디어를 지켜줄 제도, 다시 새로운 아이디어를 낼 수 있게 자유를 보장해 주는 제도가 적절히 이루어질 때 경제도 점점 성장해 나갑니다.

기술, 내생적으로 성장해

생산의 3요소라고 하면 뭐가 떠오르나요? 아마 '토지, 노동, 자본'이 생각날 거예요. 대부분의 경제 교과서 첫 장에서 이렇게 다루고 있죠. 200년 넘게 이어져 내려온 전통 경제학에서 말하는 분석이고요. 이 생산의 3요소라는 개념은, '자본주의'란 개념이 생긴 17세기에 생겼는데요, 덕분에 누가, 무엇을, 어떻게, 누구를 위해 생산해야 하는지 분석할 수 있었죠.

앞에서 이야기한 솔로는 경제 성장의 요소로 '기술'을 추가

5장 경제 성장을 이끈 경제학자들

했다고 했어요. 토지, 노동, 자본에 기술이 추가된 겁니다. 지금 생각하면 당연한 거 아니냐고 하겠지만, 당시에는 경제 성장 모델에 기술 혁신을 추가했단 것 자체가 큰 변화이자 혁신이었어요. 솔로 모델의 한계는 기술이 외부에서 주어진 것으로 본 거였는데요. 여기서 나아가 기술이 자체적으로 변화, 혁신이 가능하다고 생각한 학자도 있어요. 바로 2018년 노벨 경제학상을 수상한 경제학자 폴 로머Paul M. Romer예요. 1990년 그는 연구 '내생적 기술변화'[75]를 통해서 생산의 3요소로 사람, 아이디어, 재료를 등장시키며 경제학 분야에 대변화를 일으켰어요.

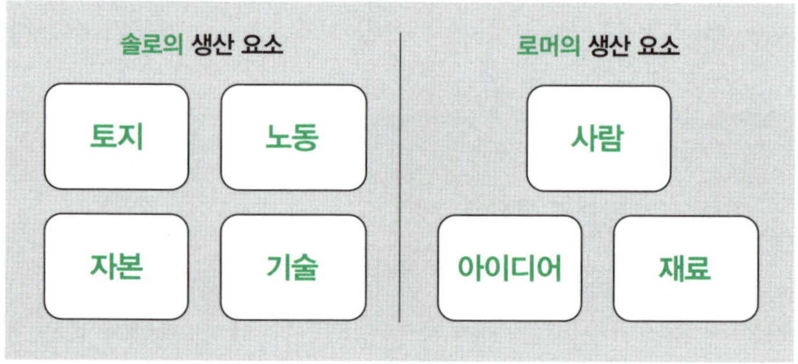

로머는 기술이 내부에서 점점 성장한다고 생각했죠. 이를 '내

75. Romer, P. M. (1990). Endogenous technological change. Journal of Political Economy, 98(5, Part 2), S71–S102.

생적 성장'이라 불렀는데요, 그는 예를 들어 설명해요. 제2차 세계대전 때 미국이 배를 건조해서 사용했는데, 그 배 이름이 '리버티선'이었어요. 1941년에 처음 리버티선을 만들었을 때는 건조 시간이 230일이 걸렸대요. 건조 시간을 줄일 기술은 없었죠. 자본과 투자로도 해결할 수 없는 문제였어요. 너무 오래 걸려서 전쟁 상황을 바꿀 만큼 배를 충분히 공급하기 힘들 거라 생각했대요. 하지만, 미국은 포기하지 않고 열심히 배를 만들었어요. 배를 한 척 만들고, 또 한 척을 만들 때마다 그 시간이 점점 줄어드는 걸 알게 되었다고 합니다.

외부에서 기술이 주어지지 않았는데, 배를 계속 만들면서 자신들만의 기술을 만들어낸 거예요. 아이디어, 기술 혁신이란 게 에디슨의 전구 발명 등의 커다란 변화만 뜻하는 게 아니란 겁니다. 배의 한 부분을 더 빨리 용접하는 방법을 찾아내는 것도 아이디어란 거죠. 해당 작업을 빨리 끝내니 배 건조 시간도 줄어들고요. 그래서 몇천 척을 건조하고 난, 1943년엔 리버티선 한 척의 평균 건조 시간이 42일 걸렸대요. 230일에서 42일로 약 80%의 시간이 단축된 셈이죠.

사람, 아이디어, 재료에 집중하라!

한때 세계 최고 수준의 배 건조기술을 자랑하던 미국이 우리나라 조선업을 극찬하며 협업하자고 러브콜을 보내고 있어요. 왜 그런 걸까요? 미국은 1990년대 이후 IT, 금융, 첨단 산업에 집중해 왔어요. 그 사이 배를 만드는 산업은 점점 뒤로 밀렸죠. 사용하지 않다 보면 기술력은 떨어지기 마련이에요. 쓰지 않는 근육이 약해지는 것처럼요. 반대로 우리나라는 조선업에 꾸준히 투자하며 기술을 쌓아 왔어요. 그 결과 미국이 배 건조 기술을 탐내면서 협력하자고 할 정도가 되었죠. 이 흐름은 한 가지 사실을 분명히 보여 줘요. 기술이 단지 외생적으로 주어지는 게 아니라는 거예요.

폴 로머는 한발 더 나아가 기술의 발전을 위해선 사람, 아이디어, 재료에 집중해야 한다는 주장을 제시해 2018년 노벨 경제학상을 수상했습니다. 로머는 연구 개발R&D과 지식 축적 등 사람들의 의도적인 경제 행동이야말로 기술 진보를 만들어냄을 수학적으로 증명했습니다. 그리고 지식이나 아이디어가 일반 상품(자본, 노동력)과 달리 여러 사람이 동시에 사용할 수 있어, 경제 성장이 지속적으로 증가할 수 있음을 입증했습니다.

로머는 기업들이 새로운 아이디어를 만들어 내기 위해 어떤 시장 조건이 필요한지를 분석했습니다. 기업들이 연구 개발에 적극적으로 투자하게 만들려면 특허권이나 지식재산권처럼 일정 기간 독점적 이익을 누릴 수 있는 장치가 필요하다고 보았죠. 이런 제도가 있어야 기업들이 막대한 비용이 드는 연구 개발에 나선다는 거예요. 그래서 로머는 혁신을 위해서 정부 정책과 제도가 잘 설계되어야 한다고 강조했습니다.

아기옹 & 하윗: 혁신에 의한 창조적 파괴가 성장을 이끌지!

필리프 아기옹Philippe M. Aghion과 피터 하윗Peter W. Howitt 은 혁신이 이끄는 경제 성장을 설명한 공로로 2025년 노벨 경제학상을 공동 수상했습니다. 이들도 로머처럼 경제 성장에서 '혁신'을 강조해요! 로머와 다른 점은, 좀 더 '경쟁적 측면'을 강조한단 거예요.

아기옹과 하윗은 창조적 파괴Creative Destruction 이론을 통해 현대 경제의 지속적인 성장 메커니즘을 설명했습니다. 이들은 '창조적 파괴'가 경제 성장의 동력이라고 합니다. 창조적 파괴란 말은 조지프 슘페터Joseph A. Schumpeter가 처음 했는데요, 혁신이 시장에 등장할 때 발생하는 파괴적이면서도 창조적인 과정을 말해요. 스마트폰이 등장하면서, 이전에 쓰던 피처폰이 사라진 것처럼 말이죠. 새로운 기업은 시장에 진입해 성공을 거두지만, 한편으로 기존에 자리 잡고 있던 기존 기업의 수익과 지위는 일부 무너져요. 아기옹과 하윗은 이러한 파괴적이고 혼란스러운 과정, 기업의 진입, 퇴출, 일자리의 생성과 소멸이 끊임없이 일어나지만, 그 결과로 경제는 꾸준히 성장할 수 있다고 하는 겁니다.[76]

76. Aghion, P., & Howitt, P. (1992). A model of growth through creative destruction. Econometrica, 60(2), 323–351.

3 국가는 왜 실패하는가

대런 애쓰모글루(Kamer D. Acemoglu, 1967~)
사이먼 존슨(Simon H. Johnson, 1963~)
제임스 로빈슨(James A. Robinson, 1960~)
2024년 노벨 경제학상 공동 수상
착취적 제도와 포용적 제도, 재산권 보호와 소득 수준

Q

얼마 전 SNS에서 두 개의 사진을 봤어요. '노갈레스'라는 도시 사진이었는데요. 두 사진이 완전 다른 도시처럼 보이는데, 같은 도시라는 거예요. 하나엔 '미국 애리조나주 노갈레스', 다른 하나엔 '멕시코 소노라주 노갈레스'라고 되어 있더라고요. 같은 노갈레스라고 하기 힘들만큼 멕시코 쪽이 낙후되어 보였어요. 국경선이 있을 뿐인데, 어쩜 이렇게 다를까요?

'어떤 나라는 잘살고, 어떤 나라는 못 사는가?', '어떤 나라는 빠르게 성장하고, 어떤 나라는 성장을 못 하는가?'. 인류의 큰 고민거리죠. 남한과 북한은 그 모습을 정말 잘 보여 주는 나라입니다.

남한이 북한보다 잘살게 된 이유: 재산권 보장

우리나라와 북한도 그렇지 않나요? 다음은 밤에 위성사진을 찍은 모습이에요. 우리나라 지리를 잘 모르는 외국인이 사진을 보면, 마치 우리나라가 섬처럼 보일 정도네요. 전력이 부족한 북한은 밤에 캄캄할 수밖에 없단 건데요. 사실 1953년 6·25 전쟁이 끝난 직후만 해도 북한과 우리나라의 경제력 차이는 없었습니다. 기술력의 차이도 거의 없었고요. 오히려 자원으로 치면 남한 쪽이 더 부족한 편이었습니다. 그렇다면 왜 지금은 경제력 격차가 크게 벌어졌을까요? 핵심은 채택한 '제도'가 달랐다는 겁니다. 여기서 제도는 자본주의와 공산주의를 말하는 게 아니에요. 경제 성장하고 가장 관련이 깊은 제도인 '재산권 보호 제도'죠.

미국, 캐나다, 오스트레일리아와 같은 1인당 소득이 높은 선진국은 가장 재산권이 잘 지켜지고 있습니다. 반면, 소말리아, 부룬디, 콩고와 같은 개발도상국들은 재산권 보호가 잘 안되고, 1인당 소득 수준도 낮습니다.[77] 이렇게 보면, '아, 정말 재산권 보호가 중요하구나'라는 생각이 들죠. 저도 그랬거든요? 그런데 혹시 여기서 어떤 문제점, 발견했나요? 바로 재산권 보호가 잘돼서 잘사는 건지, 잘살아서 재산권 보호가 잘되는 건지 그 순서가 확실하지 않단 겁니다.

잘살아서 재산권 보호가 되는 건 아니야?

재산권 보호와 소득 사이에는 상관관계가 분명히 존재합니다. 하지만 둘의 인과관계는 알 수 없습니다. 그래서 재산권 보호와 소득의 연관을 설명하기 위해 한 가지 예를 들어 볼게요. 한 마을에 쌀농사를 짓는 나영이와 목축업을 하는 수진이가 있

77. Acemoglu, D. (2024). 'Institutions, Technology and Prosperity'. Nobel Lecture.

다고 해봐요. 나영이는 열심히 농사를 지어서 수확한 쌀을 수진이가 가진 고기와 바꿀까 기대를 하고 있죠. 그런데 수진이가 나영이 몰래 나영이네 논에 와서 쌀을 몽땅 가져가 버립니다! 안타깝게도 나영이와 수진이네 마을에는 경찰도, 어디 신고할 곳도 없어요. 나영이는 하루 아침에 재산을 잃었는데 되찾을 방법이 없는 거예요. 나영이는 더 이상 농사일을 하고 싶지 않을 겁니다. 재산권을 보호받지 못해서 소득에 대한 의지가 생기지 않는 거죠. 나영이 사례처럼 자신이 일해서 생긴 재산이 지켜지지 않으면 일할 유인이 사라져요. 오히려 수진이처럼 남의 걸 뺏고 싶어지기 쉽죠.

만약 나영이가 열심히 농사지어 수확한 쌀로 수진이와 거래에 성공해 맛있는 고기를 얻었다고 해봐요. 그러면 또 쌀농사를 열심히 지어 거래를 하고 싶겠죠. 조금 과장하면 쌀을 더 많이 얻을 수 있는 기계를 발명해 낼지도 몰라요. 가볍게 들릴지 모르지만 실제로 재산권과 소득의 인과관계는 존재합니다. 에디슨의 전구도 이렇게 나온 거거든요.

에디슨이 전구를 개발한 당시 미국은 지식과 아이디어에 대해서 재산권을 부여했어요. 바로 '특허'예요. 새로운 발명에 대해 발명한 사람에게 일정 기간 동안 독점적 사용권을 부여해 주는 거죠. 혹은 다른 사람들이 사용하려면 특허를 가진 사람에게 사용료를 내거나요. 이런 경제적인 이점이 있으면 사람은 뭔가를 더 열심히 하게 되는 것 같습니다. 그러니까 재산권 보호가 잘 되는 곳에선 경제 성장이 일어나기 좋고, 경제가 성장하니까 새로운 발명도 많이 나오고, 새로운 발명이 나오면 발명에 대한 재산권 요구가 생기고, 요구를 들어주기 위해 재산권 보호가 더 잘 정비되는 선순환이 일어나는 겁니다.

착취적 제도가 뿌리내린 남미 vs 포용적 제도가 뿌리내린 북미

재산권 보호 제도와 경제 성장은 서로 영향을 주고받는 상호작용이 있어서 인과관계를 정확히 밝히기는 참 어렵습니다. 이 문제를 해결한 슈퍼스타 세 명이 있습니다. 바로 대런 애쓰모글루Kamer D. Acemoglu, 사이먼 존슨Simon H. Johnson, 제임스 로빈슨James A. Robinson 세 경제학자예요. 이들은 '경제적 수준이 비슷했던 두 곳이 갑자기 유럽 열강에 의해 식민지가 되었다. 그런데 한 곳은 재산권이 잘 보호되는 제도가 정착되고, 한 곳은 그렇지 않은 제도가 정착되었다면?'이란 생각을 했습니다.[78]

비슷한 기술 수준과 경제적 수준을 가지고 있었는데, 유럽의 식민지가 된 후 유럽이 정착시킨 제도에 따라 결과가 달라진 두 곳, 생각나는 지역이 있나요? 그들이 찾은 곳은 바로 북아메리카

78. Acemoglu, D., Johnson, S., & Robinson, J. A. (2001). The colonial origins of comparative development: An empirical investigation. American Economic Review, 91(5), 1369–1401.

와 남아메리카예요. 당시 스페인, 포르투갈이 먼저 남아메리카에 들어옵니다. 왜냐면 북아메리카보다는 남아메리카가 매력적이었거든요! 금은보화도 많았고, 당시 유럽인들이 좋아하던 향신료도 많았습니다. 유럽인들은 원주민들을 착취해서 엄청난 양의 금, 은을 채굴해 가고, 향신료, 열대작물을 대규모로 재배해 가져갑니다. 식민지의 자원을 뽑아내서 본국에서 사용하는 착취적 제도가 뿌리내리죠.

이후 영국이 뒤늦게 식민지를 차지해 보려고 아메리카 대륙에 와요. 이때 들어오게 된 곳이 북아메리카인데요, 북아메리카가 좋아서 들어온 건 아니에요. 착취할 원주민이 많고 은광이 있는 남아메리카는 이미 남의 차지였거든요. 그런데 영국인들은 뜻밖의 특징을 발견합니다. 착취할 자원은 별로 없는 땅이지만, 개척해서 살기에는 괜찮은 지역이었던 거예요. 남아메리카에 갔던 스페인 사람들은 풍토병에 걸려 사망하는 일이 많았는데, 북아메리카에는 그런 일이 없었습니다. 영국인들은 자연스럽게 북아메리카로 이주했어요. 영국인들의 식민지 모델은 바로 '개척지 모델'입니다. 영국인들이 이주해 와서 정착하게 되니, 착취적 제도보다는 자신들이 살기 좋은 제도를 만들게 되었죠. 헌법도 만들고, 민주적인 제도도 만들고, 재산권도 보호하게 된 겁니다.

거주자 사망률이 낮은 곳에는 포용적 제도가 있었다

애쓰모글루, 존슨, 로빈슨은 이 식민지 이야기에서 사망률에 집중했어요. 거주자 사망률이 낮고 재산권이 잘 지켜지는 곳은 북아메리카인 미국, 캐나다 등이 있고, 거주자 사망률이 높고 재산권도 잘 안 지켜지는 곳은 남아메리카인 볼리비아 등이 있어요.

자, 그럼 연구 결과는 어땠을까요? 세 명의 경제학자들은 500년 전 특정 지역의 유럽 이주민 사망률과 재산권 보호 제도의 관계, 그리고 그 지역의 경제 성장률을 연결했어요. 그리고 다음과 같이 정리했습니다.[79]

> 이주민 사망률이 낮은 곳, 즉 살기 좋은 곳에 재산권 보호가 잘되는 제도가 들어왔고, 그 곳에서 경제 성장이 잘되었다. 이주민 사망률이 높은 곳, 즉 살기 나쁜 곳에 재산권 보호가 잘 안되는 착취적 제도가 들어왔고 그곳에선 경제 성장이 잘 안되었다. 따라서 재산권 보호가 잘되어야 경제 성장이 잘된다는 인과관계가 성립한다.

79. Acemoglu, D., Johnson, S., & Robinson, J. A. (2001). The colonial origins of comparative development: An empirical investigation. American Economic Review, 91(5), 1369–1401.

새로운 분야를 개척한 세 명의 노벨경제학 수상자

대런 애쓰모글루, 사이먼 존슨, 제임스 로빈슨은 국가 간 빈부 격차의 근본 원인이 제도에 있음을 규명하고, 이를 역사적·실증적으로 분석할 수 있는 틀인 '도구변수법'을 제시한 공로로 2024년 노벨 경제학상을 수상해요. 역사 자료를 경제적으로 분석한 것은 획기적인 일이었어요. 이들이 제도와 경제사 연구가 활발해지는 계기를 마련해준 거죠. 이들은 국가의 번영이 제도에 따라 결정된다는 것을 보여줬어요. 포용적 제도는 다수의 시민이 경제활동에 참여할 수 있는 기회를 제공하고, 재산권을 보장하며, 법치를 확립하는 제도로, 장기적인 투자와 혁신을 촉진하여 지속 가능한 경제 성장을 가져옴을 보여줬어요. 이처럼 노벨 경제학상은요, 어떤 어려운 문제를 잘 풀어서 받는다기보다는 어떤 새로운 분야를 개척해서 그로 인해 다른 사람들이 더 연구할 거리를 많이 만들어 준 성과를 보인 학자에게 주어져요. 여러분도 한번 도전, 어때요?

4 성장은 문화로부터 나온다

조엘 모키어(Joel Mokyr, 1946~)
2025년 노벨 경제학상 수상
혁신을 이끄는 문화

Q

제가 다니는 회사에서는 뭔가 일을 하나 하려면 두 달씩 걸립니다. 보고해야 할 상사가 많아서 간단한 일도 절차가 복잡하거든요. 요즘처럼 AI 기술이 하루가 다르게 변하는 세상에 이런 시스템은 문제예요. 아이디어를 내도, 대리-과장-부장을 거쳐서 올라가야 하니 오래 걸리고요. 또 그 아이디어를 상사가 가로채기도 하고요. 이런 시스템, 어떻게 바꿀 수 없을까요?

아이디어가 올라가려면 한없이 오래 걸리는 회사. 내 아이디어가 내 것으로 온전히 인정받기도 힘든 게 현실이죠. 전통을 중시하는 문화가 강한 기업이나 공기업, 정부 기관에서 이런 경우가 많은데요. 보통 '관료제Bureaucracy'라고 표현하죠. 관료제는 아이디어가 밑에서 시작되어도 보고 단계를 거치며 본래의 혁신성이 희석되거나, 최종 결정권자가 아니면 아이디어를 제안할 수 없는 하향식Top-Down 구조를 가지죠. 창의적이고, 통통 튀는 혁신적인 아이디어가 많은 사람들은 특히 이런 경직된 문화에서 버티기 힘들 거예요. 2025년 노벨 경제학상을 수상한 조엘 모키어Joel Mokyr는 지속적 경제 성장의 중요한 요인으로 '혁신을 가능하게 하는 문화'를 꼽았습니다.[80]

혁신을 이끄는 문화가 성장 동력이다!

실리콘밸리의 스타트업, IT 기업들이 빠르게 성장한 이유가 뭘까요? 모키어는 '심리적 안정감Psychological Safety'과 '빠르게 실패할수록 더 빨리 배운다Fail Faster, Learn Faster'고 생각하는 문화를 이유로 꼽습니다. 비난을 두려워하지 않고 자유롭게 아이디어를 제안하며, 실패하더라도 이를 데이터로 삼아 배우는

80. Mokyr, J. (2016). A culture of growth: The origins of the modern economy. Princeton University Press.

문화가 빠른 성장의 이유란 겁니다. 그에 반해 수직적 보고 체계, 매뉴얼 준수, 책임 소재를 우선시하는 문화는 혁신과 성장을 지연시킨다고 하고요. 새로운 시도로 인해 문제가 발생했을 때, 아이디어를 낸 사람에게 징계나 책임을 묻는 분위기가 형성되어 있다면, 직원들이 매뉴얼을 벗어난 창의적인 생각 자체를 포기하게 될 테니까요.

모키어는 큰 조직에서 부서 간에 경쟁이 심한 문화도 혁신과 성장을 지연시킬 수 있다고 봐요. A팀과 B팀이 서로 성과 경쟁을 하다 보면, 지식과 정보 공유를 꺼리고 자신의 영역만 지키려고 하게 된다는 거죠. 협력적인 아이디어가 전체 조직의 혁신 동력으로 작용하는 걸 막게 되는 겁니다. 한마디로 '꼰대 문화'가 혁신과 성장을 저해한단 건데요, 사례를 들어 볼게요.

꼰대 문화, 코닥을 몰락시키다

요즘 레트로 열풍과 함께 다시 힙한 아이템으로 나오고 있는 게 있죠. 바로 필름 카메라예요. 한때는 디지털카메라, 스마트폰의 등장과 함께 역사 속으로 사라지나 싶었던 아이템입니다. 필름 카메라로 잘나가던 회사로 '코닥Kodak'이 있어요. 코닥은 필름 카메라 세계 점유율 1위를 하던 회사예요. 코닥은 1975년 세계 최초로 디지털카메라도 개발했었어요. 1990년대 점차 디지털 기술이 발전했고, 젊은 직원들은 '디지털카메라가 필름 카메라 시장을 잠식할 것'이라고 내부 보고를 했다고 해요. 하지만 임원진은 기존의 주력 사업인 필름 및 인화 사업의 매뉴얼과 성공 공식에 얽매여 '기존 필름 사업의 수익 구조를 해칠 수 없다'고 판단했죠. 코닥은 새로운 디지털 시대에 적극적으로 투자하지 못하고, 과거의 성공 매뉴얼을 고수하다가 시장을 소니, 캐논 등 경쟁사들에게 빼앗기고 2012년 파산 신청을 하기도 했어요.

중국보다 유럽이 더 빠르게 발전한 이유?

화약, 나침반, 종이, 인쇄술. 중국의 4대 발명품입니다. 유럽보다 수백 년에서 수천 년에 앞서 발명했죠. 이처럼 유럽보다 앞서 문명이 발달했던 중국에서 산업혁명이 일어나지 못했던 이유가 뭘까요? 2024년 노벨 경제학상을 받은 대런 애쓰모글루, 사이먼 존슨, 제임스 로빈슨은 그 답을 제도에서 찾았습니다. 영국은 일찍이 마그나카르타(1215년)를 통해 왕의 권력을 제한하면서 재산권을 보호하고자 했고, 이후 명예혁명을 거치며 의회 제도가 확립되며 사유 재산권이 더욱 공고해집니다. 사람은 내가 일해서 번 돈이 내 것일 때 열심히 일할 유인이 생기기 마련이죠. 재산권과 같은 제도가 경제 성장에 무엇보다 중요한 요소라는 게 그들의 주장입니다.[81] 확실한 재산권이 있었던 유럽에서 산업혁명이 일어날 수 있었단 겁니다. 모키어는 제도만으로는 설명이 부족하다고 말해요. 유럽엔 '지식을 발전시키고 싶어 하는 문화'가 강했고, 이 문화가 중요한 요소란 거죠.

거대한 발명이 현실이 되려면 수많은 작은 발명이 필요해!

발명에는 증기 기관처럼 아주 거대한 발명이 있어요. 이런 것을 '매크로 인벤션Macro Invention'이라고 합니다. 그런데, 매크로 인벤션이 실제로 상용화되고 생산성 증가에 연결되기 위해서는 수백 가지의 작은 발명들이 더 필요해요. 증기 기관이라는 거대한 발명이 되었으면, 결함이 생겼을 때 고치는 법, 재질 연구 등이 뒷받침되어야 실제로 가동하고 이용할 수 있을 테니까요. 이런 작은 발명들을 '마이크로 인벤션Micro Invention'이라고 합니다. 마이크로 인벤션은 보통 현장의 기술자나 기업가들에 의해 이루어졌는데, 영국에서는 마이크로 인벤션이 지식인들에게 자유롭게 공유될 수 있었어요. 영국은 마이크로 인벤션이 일어나기 좋은 '성장의 문화Culture of Growth'가 있었거든요.[82]

81. Robinson, J. A., & Acemoglu, D. (2012). Why nations fail: The origins of power, prosperity and poverty 45–47. London: Profile.
82. Mokyr, J. (2016). A culture of growth: The origins of the modern economy. Princeton University Press.

18~19세기 영국은 지식인들의 교류가 엄청 활발했습니다. 진화론으로 유명한 찰스 다윈Charles Darwin의 할아버지 이래즈머즈 다윈Erasmus Darwin의 집에 모였던 루나 소사이어티Lunar Society가 대표적인 모임입니다. 지식인과 기술자들이 보름달이 뜨는 밤에 모여 격의 없이 발명과 과학적 지식에 대해 토론했던 겁니다. 여기에 증기 기관을 발명한 제임스 와트James Watt도 와서 증기 기관을 설명했다고 합니다. 격의 없이 지식과 의견이 오가는 모임이 있었기에 증기 기관이란 매크로 인벤션의 실용화에 필요한 마이크로 인벤션이 마구 쏟아져 나오면서 바로 생활에 적용될 수 있던 거죠. '루나Luna'가 보름달에 뜨는 밤이란 의미도 있지만 '루나틱Lunatic'이라고 하면 '~에 미친'이란 의미도 있거든요? 모여서 어딘가에 미친 듯이 몰두한 사람들의 모임이란 의미도 함께 있었던 게 아닐까요?

지식을 발전시키고자 하는 '성장의 문화'가 필요해!

모키어가 말하는 '성장의 문화'는 다양한 형태로 드러났어요. 모키어는 산업혁명 이전에 있었던 계몽주의 사상의 전파도 산업혁명이 일어날 수 있었던 기반이 되었다고 말해요. 과거 사람들은 세상이 정해져 있고 인간의 노력으로 크게 바뀌지 않는다고 생각했지만, 당시 영국에선 물질적인 진보와 개선이 가능하다는 긍정적인 신념이 생겼던 겁니다. 또, 돈 버는 게 바람직하단 믿음Normative Belief도 생겼는데 이게 중요하다고 말해요. 중세 유럽에선 돈 버는 것 자체가 탐욕으로 간주되어 발전하는데 방해가 되었거든요.

새로운 신념, 과학을 퍼뜨리고자 한 사상가들이 많았다는 점도 좋은 문화적 조건의 토대가 되었어요.[83] 프랜시스 베이컨Francis Bacon, 아이작 뉴턴, 찰스 다윈 모두 영국인들이랍니다. 게다가 당시 유럽은 편지 공화국이라고 불릴 만큼 지식이 편지를 통해 활발히 공유되었어요. 뭔가 새로운 걸 알게 되면 그걸 편지로 알리고 그에 대한 의견을 주고받은 거예요. 그러면서 자연스럽게 비판을 자유롭게 주고받는 토론 문화가 형성되었죠. 이러한 문화적 토대가 산업혁명을 가능하게 한 거예요.

위대한 풍요를 설명한 조엘 모키어

영국의 이야기를 통해 성장의 문화가 산업혁명을 일으킬 수 있던 문화라고 표현했지만, 결국 이 문화의 특징은 곧 지속적으로 경제를 성장시킬 수 있는 문화라는 겁니다. 모키어는 2025년 혁신이 이끄는 경제 성장을 설명한 공로로 노벨 경제학상을 수상했습니다. 모키어는 경제사학자로서, 왜 과거에는 경제 성장

83. Mokyr, J. (2005). The intellectual origins of modern economic growth. The Journal of Economic History, 65(2), 285–351.

이 잠시 나타났다가 멈춰 버리고, 산업혁명 이후에는 지속적인 성장이 가능해졌는지 그 역사적 전제 조건을 연구했습니다. 그는 단순히 좋은 제도만으로는 폭발적인 성장이 불가능하며, 인간의 '문화적 태도'가 변화하고 이를 경쟁적으로 발전시키는 '제도적 환경'이 갖춰질 때 비로소 위대한 풍요Great Enrichment가 시작되었다고 설명합니다.

NOBEL PRIZES

6장 국가의 역할을 제시한
경제학자들

1 물가, 정부의 개입을 멈춰라?

밀턴 프리드먼(Milton Friedman, 1912~2006)
1976년 노벨 경제학상 수상
통화주의, 인플레이션

Q

금리가 자산 가격에도 여러 영향을 미치잖아요? 채권, 주식 등 금융 상품에 투자하고 싶어서 미국 연준의 금리 결정도, 한국은행의 금리 결정도 관심을 두고 보는 편입니다. 항상 기준 금리 발표할 때 보면 물가와 고용에 대한 얘기가 빠지지 않더라고요? 물가를 생각하면 금리를 낮추고 싶지만, 고용을 생각하면 그러기 힘들다는 식의 말들이요. 물가와 고용이 어떤 관계가 있길래 그런 건가요?

물가와 고용의 관계를 이야기하기 전에 물가가 오르는 이유에 대해 이야기해 볼게요. 팬데믹으로 전 세계 경제가 힘들었던 2020년 초, 미국을 비롯한 전 세계의 중앙은행들은 돈을 풀었습니다. 2020년 한 해 동안 미국 정부가 개인에게 직접 지급한 지원금만 성인 1인당 최대 1,800달러, 4인 가족의 경우 5,800달러였죠. 시중에 돌아다니는 돈의 양을 '유통'되는 '화폐'의 양이란 의미에서 통화량이라고 하는데요. 통화량이 많아지면 물가는 오르기 마련입니다. 왜냐고요? 돈의 양이 많아진단 건 돈이 흔해진단 거고, 그럼 물건과 돈을 바꿀 때 돈을 더 많이 줘야 할 테니까요.

통화량과 물가는 어떤 관계일까?

"인플레이션은 언제 어디서나 화폐적 현상이다."

1976년 노벨 경제학상 수상자인 밀턴 프리드먼Milton Friedman이 한 말입니다. 인플레이션은 물가가 지속적으로 상승하는 현상을 말해요. 프리드먼은 『화폐 경제학』에서 '너무 많은 돈이 적은 물건을 쫓는다'고 표현했어요. 돈의 양이 많아지는 속도가 물건을 생산하는 속도에 비해 훨씬 빠르면, 물건의 가격이 오르면서 인플레이션이 발생한다는 것이죠.

그러면서 인플레이션과 알코올 중독에는 공통점이 있는데,

발생 초기에는 좋아 보이지만 계속되면 엄청난 부작용을 겪고 빠져나오기 힘들다고 했어요. 돈이 풀린 초기엔 소비가 활성화되면서 모두 부자가 된 느낌이 들지만, 인플레이션이 지속되면 물건의 가격이 계속 오르니 구매력이 떨어지면서 힘들어진다는 뜻이죠. 예를 들어 노트가 한 권에 1,000원이었는데 인플레이션이 발생하면 2,000원이 됩니다. 1,000원으로는 노트를 살 수 없는 상황이 되는 거예요.

물가를 잡으려면 금리를 올려라

2020년 돈 풀기의 효과는 어땠을까요. 아니나 다를까. 물가가 올랐습니다. 2022년 6월엔 미국의 물가 상승률이 9%가 넘어섰죠. 전 세계가 40년 만의 인플레이션이라며 물가와의 전쟁에 나섰습니다. 물가와의 전쟁으로 든 카드는 바로 금리 인상이었어요. 물가는 통화량이 늘어날 때 발생하기 때문에 통화량을 줄여야 하는데, 통화량 줄이는 데는 금리 인상이 효과적이거든요.

각국의 중앙은행은 기준 금리란 걸 조절하는데, 기준 금리는 말 그대로 기준이 되는 금리에요. 예금 금리나 대출 금리도 기준 금리에 따라서 움직이는 경향이 있습니다. 예금하는 사람들 입장에선 금리가 높아지면 받을 수 있는 이자가 늘어나니 돈을 쓰는 소비보단 돈을 모으는 예금을 더 하고 싶어지겠죠? 그럼 아무래도 돌아다니는 돈이 적어지겠고요. 기업들은 보통 자신들의 사업을 키우기 위해 은행에서 돈을 빌려 새로운 기계나 설비에 투자해요. 그런데 대출 이자가 늘어나면 이자에 대한 부담으로 덜 빌리고 덜 투자 하게 됩니다. 그래서 돌아다니는 돈의 양이 줄어드는 거죠.

금리와 물가, 통화량은 함께 가는 그룹이에요. 미국은 오른 물가를 잡기 위해 2022년 3월 0.25%였던 기준 금리를 1년여 만에 5.5%까지 올렸습니다. 이처럼 물가만 신경 쓴다면 금리를 결정하는 일은 단순합니다. 하지만 그 이후를 생각하면 조금 복잡해집니다.

금리를 올리면 고용이 줄어든다고?

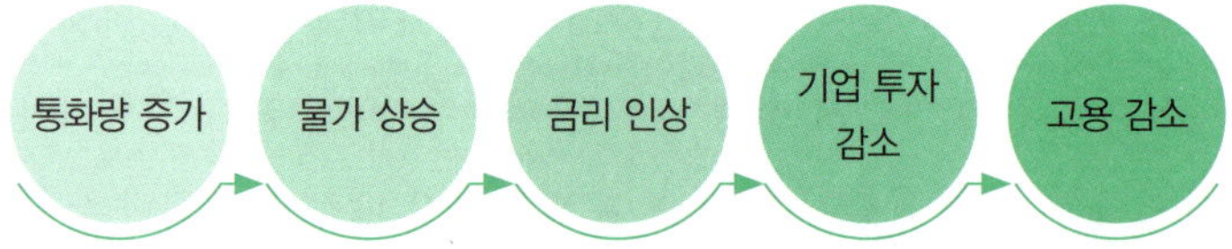

기업들이 투자를 줄이면 고용이 줄어들 가능성이 클까요, 고용이 늘어날 가능성이 클까요? 기업의 투자는 새롭게 기계를 추가하거나, 설비를 늘리거나, 새로운 사업을 확장하는 걸 말하는 거니까요, 보통 투자를 늘리면 고용이 늘어나요. 투자를 줄이면 고용이 줄어들고요. 그럼 금리를 올리면 투자가 줄어들 가능성이 크고, 고용이 줄어들 수 있겠죠. 물가를 잡겠다고 금리를 올리면 고용이 위축될 가능성이 있는 겁니다. 금리 이야기를 할 때 물가와 고용이 같이 이야기되는 이유예요.

물가와 고용 사이에서

물가만 신경 쓰면 단순했던 금리 결정에 고용이 끼어들면서 복잡해졌습니다. 2025년 8월 미국의 물가 상승률은 2.9%, 고용률은 59.6%이었어요. 미국은 물가 상승률을 2% 정도로 유지하고 싶어 해요. 고용률은 전년도 8월과 비교해서 크게 달라지지 않은 수치예요. 여러분이 연준 의장인데, 다음 달의 기준 금리를 결정해야 합니다. 어떻게 하시겠어요? 사람들의 기대는 '기준 금리를 0.5%p정도 낮춰 주지 않을까?'하는 거였어요! 왜냐면, 8월 당시 미국의 기준 금리가 4.5%로 높은 편이었거든요.[84]

2025년 9월 17일, 미국 연준에서는 기준 금리를 0.25%p 인하했어요. 사람들이 기대한 수치의 절반 정도였죠. 많이 내리지 못한 이유는 역시 고용이었어요.

"물가는 다소 높은 수준을 유지하고 있지만, 고용 시장의 위험도 증가했다."

84. 지난 10년(2016~2025년)의 미국 기준 금리 평균이 약 2.4%였기에, 4.5% 기준 금리가 높은 편이라고 느끼는 경향을 보였음.

연준 의장은 이렇게 말하며 '고용률이 낮아질 수 있다(실업률이 높아질 수 있다)'는 얘기를 여덟 번이나 언급했다고 해요. 그래서 금리를 많이 내리진 못한다는 의미로요. 하지만 고용률은 전년도와 비슷했다고 했잖아요. 그런데 왜 고용률을 걱정한 걸까요? 연준 의장은 고용률이 유지된 이유는 이민자가 줄었기 때문이라고 했어요. 이민자가 줄었으니 일자리가 늘어야 하는데 오히려 줄었다며, 이민자가 줄지 않았으면 고용률도 급격히 떨어졌을 거라고 했죠. '이상한 균형Curious Balance' 현상이 나타난 거죠. 그래서 앞으로 어떻게 될지 모르니 안전하게 고용 시장에 타격이 없을 정도로 조절해서 결정한 거예요.

물가와 실업률은 반비례 관계?

지금까지 이야기한 물가와 고용의 관계는 다음과 같이 정리됩니다.

이게 일반적으로 사람들이 생각해 온 개념입니다. 물가를 잡

으려면 실업을 어느 정도 감수해야 한다는 거죠. 실업을 줄이려면 높은 물가는 어느 정도 감수해야 하고요. 둘은 반비례 관계로, 정책 결정에서 둘 중 하나를 선택해야 하는 걸로 받아들여집니다.

프리드먼은 이런 가설이 현실에서 도전받고 있다면서 의견을 제시해요. 정부가 계속해서 낮은 실업률을 목표로 했더니, 물가 상승률이 시간이 지날수록 점점 더 높아지는 현상이 나타났다는 겁니다. 이것이 바로 스태그플레이션Stagflation입니다.

실제로 1970년대 미국에선 인플레이션이 높아질 때 실업률이 낮아지는 것이 아니라 오히려 더 높아지는 현상이 자주 관찰되었다고 해요. 프리드먼은 경제가 높은 인플레이션 환경에 적응하는 전환기에 있어서 이런 현상이 발생한다고 추측했어요. 물가 상승률이 높아지면 물가 상승 자체의 변동성이 더 커진단 거예요. 예를 들어, 다음 달에 물가가 2% 오를지, 5% 오를지 예측하기가 훨씬 어려워진단 얘기입니다. 물가 상승률이 정말 높은 베네수엘라의 경우, 연간 500~600%대의 살인적인 물가상승률을 기록하고 있는 걸로 추정돼요.[85] 앞으로 얼마나 더 오를지 모르는 거죠.

85. 베네수엘라의 중앙은행은 2024년 10월 통계를 마지막으로 1년 넘게 공식적 물가 지표를 공개하지 않음. 국제통화기금(IMF)는 베네수엘라의 2025년 연간 물가상승률을 약 548~629%로 추정하고 있음.

　　　　　　　　6장 국가의 역할을 제시한 경제학자들

프리드먼이 새로운 가설을 세우다

프리드먼은 물가와 실업률이 반대로 움직인다는 가설이 왜 틀렸는지 설명하면서, '기대Expectations'의 중요성을 강조하는 새로운 가설을 제시했어요. 사람들이 일반적으로 이야기하는 가설과 달리 실업률은 물가 상승이 예상치 못하게 발생할 때만 일시적으로 낮아질 수 있다는 거예요. 물가 상승을 예상할 수 있으면 그렇지 않고요. 예기치 못한 게 중요합니다.

사람들에게 중요한 것은 받는 돈이 얼마인가 그 숫자가 아니라, 그 돈으로 실제로 살 수 있는 물건의 양, 즉 '실질 임금'입니다. 정부가 예상치 못하게 돈을 풀어서 물가가 갑자기 오르면, 생산자들은 자기 물건의 가격이 다른 것보다 더 많이 올랐다고 착각합니다. 그래서 생산을 늘리고 사람을 더 많이 고용해요. 노동자들 역시 임금이 올랐다고 생각하고 더 열심히 일하려고 하고요. 하지만 사람들이 지속적인 물가 상승에 익숙해지고 기대를 조정하게 되면, 이런 단기적인 착각은 사라진다는 거예요. 물가 상승을 예상하고 계약한 것이기 때문에 착각이 사라지면 결국 고용 수준은 원래대로 돌아간다는 거죠.

정부가 더 이상 관여하면 안 돼!

프리드먼은 물가 상승률이 0이든, 10%든, 20%든 상관없이, 사람들이 모든 물가 변화를 정확하게 예상하게 된다면, 실업률은 결국 '자연 실업률Natural Rate of Unemployment' 수준으로 돌아간다고 주장해요. 자연 실업률은 노동 시장의 효율성, 경쟁 정도 등 경제의 실질적인 요소에 의해 결정되는 수준입니다. 정부는 인플레이션을 계속 가속화해야 이 자연 실업률보다 낮은 실업률을 유지할 수 있다고 하는데요. 프리드먼은 실업률을 낮추기 위해 인플레이션을 가속화하는 건 바보같은 행동이라고 말하면서 술을 줄이듯 오히려 화폐 증가율을 감소시켜야 한다고 주장합니다. 물가의 중요한 역할 중 하나는 우리가 어떤 상품을 생산하고 소비할지 알려 주는 상대적인 가격을 전달하는 겁니다. 하지만 인플레이션의 변동성이 너무 커지면요, 방송에 잡음이 가득 차는 것처럼 사람들은 어떤 물가가 진짜로 중요한 변화를 반영하는 것인지 파악하기 어려워져요. 지나치게 높은 인플레이션은 사회적, 정치적 불안정을 초래하여 정부가 임금이나 가격을 더 통제하게 만듭니다. 하지만 지금까지 이야기한 것처럼 임금이나 가격을 통제하는 건 쉬운 일이 아니에요. 이런 요소들은 우리 경제를 비효율적으로 만들고, 시장에 마찰을 일으키고, 결과적으로 실업률을 높이게 된다고 하는 겁니다.

2 구글은 정말 독점 기업일까?

장 티롤(Jean M. Tirole, 1953~)
2014년 노벨 경제학상 수상
플랫폼 비즈니스, 독점

Q

저는 구글의 모기업인 알파벳의 주식을 가진 주주거든요? 그런데 구글이 크롬이나 안드로이드를 다른 회사에 강제로 팔아야 할 뻔했다는 얘기를 들었어요. 지금 당장은 크롬과 안드로이드를 다른 회사에 팔지 않아도 된다고 하지만 뭔가 아직도 남아 있는 문제가 있나 봐요. 그래서 구글에 어떤 문제가 있는 건지가 궁금해요.

구글이 소송에 휘말린 건 검색 엔진 시장, 광고 시장, 앱 시장 등을 독점하고 있다는 이유였어요. 구글이 검색 엔진 시장에서 독점적 지위를 유지하기 위해서 스마트폰, 태블릿 PC 등의 제품에 구글 검색 엔진을 기본으로 탑재해 경쟁자를 배제했다는 거예요. 우리나라만 보아도, 검색 엔진 시장에서 부진하던 구글이 삼성 스마트폰에 기본 검색 엔진으로 탑재되면서 이용자가 꾸준히 늘었죠.

특히 스마트폰 의존도가 높아지면서 스마트폰으로 동영상을 검색하기도 하고, 검색 대신 AI한테 물어보는 경우도 많아졌는데요. 구글의 유튜브와 제미나이가 제품에 기본으로 들어 있으니, 기본 검색 엔진으로 사용할 수밖에 없고, 결론적으로 모든 검색 엔진 시장을 장악했다는 거죠. 게다가 광고 시장과 앱 스토어 시장에서도 독점적 지위를 가진다고 문제 삼았습니다. 그런데요, 독점이 좋지 않다고 얘기하는 이유는 뭘 것 같나요?

일반적인 상품 시장에서 독점이 나쁜 이유는 바로 높은 가격

가령 우리 생활에 꼭 필요한 스마트폰을 생산하는 기업이 전 세계에 딱 하나라고 생각해 보죠. 스마트폰 생산 기술을 가진 다른 기업은 없어서 오직 그 기업이 스마트폰을 생산하고 판매해야 소비가 가능한 거죠. 그렇다면 독점 기업은 되도록 가격을 끌어올리려 할 거예요. 소비자는 자신들이 올린 가격으로 살 수 밖

6장 국가의 역할을 제시한 경제학자들

에 없으니까요. 경쟁자가 없으니 더 좋은 제품을 만들어야겠다는 생각도 할 필요가 없고요. 소비자에게 피해가 큰 겁니다. 이런 이유로 독점을 규제하는 법인 반독점법이 만들어졌어요. 구글도 반독점법에 걸리는 부분이 있어서 재판 중인데, 아직 끝난 건 아니라고 해요. 구글 독점 의혹에 대해 다른 의견을 제시한 경제학자가 있습니다. 바로 장 티롤Jean M. Tirole이죠.

플랫폼 비즈니스의 특징은 내가 소비자이자 상품이라는 것![86]

OO신문 1년 무료 구독
+ **상품권 증정

여러분, 길거리를 지나다니다 신문 구독 판촉 행사를 본 적 있나요? 구독이 1년이나 무료인 데다, 상품권까지 준다니 뭔가 이상합니다. 작은 신문사도 아니고 멀쩡하게 큰 신문사인데 왜 이런 일을 하는 걸까 의아하기도 해요. 신문의 주목적은 양질의 뉴스, 기사, 칼럼을 독자들에게 공급하는 겁니다. 하지만 소비자

86. Rochet, J. C., & Tirole, J. (2006). Two-sided markets: A progress report. The RAND Journal of Economics, 37(3), 645–667.

인 독자가 내는 신문 구독료만으로는 큰 수익을 얻기 어려워요. 그래서 필요한 게 광고 수입이에요. 신문 독자와 광고주는 서로 다른 목적으로 신문을 찾아요. 광고주는 신문 소비자이기도 하지만, 동시에 공급자이기도 해요. 광고를 통해 물건을 팔고자 하니까요. 이처럼 소비자가 사용자가 되기도 하고, 공급자가 되기도 하는 서비스의 장을 만들어 주는 사업을 '플랫폼 비즈니스'라고 해요. 두 그룹을 연결해 가치를 창출하는 거예요. 신문은 일종의 플랫폼 비즈니스죠.

플랫폼 비즈니스의 가격 설정은 일반적인 상품의 가격 설정과 좀 달라요. 독점적 플랫폼 비즈니스라고 해도 소비자에게 가격을 높일 필요가 별로 없거든요. 광고주에겐 신문의 구독자가 몇 명이고 매일 몇 부가 나가고 있는지가 중요해서 신문사에선 소비자에게 신문을 무료로 제공해서라도 많이 구독하게 하려고 하는 겁니다.

플랫폼 비즈니스의 특징 또 하나는 네트워크 효과!

플랫폼 비즈니스는요, 또 얼마나 많은 사람이 이용하는지가 다른 사람의 선택에도 영향을 미쳐요. 신규 회원이 회원 수가 많은 플랫폼을 선택할 가능성이 큰 거예요. 신문도 마찬가지로, 구독자가 많은 신문이라고 해야 광고주가 선택하게 될 가능성이 크죠. 이처럼 다른 사람의 수요가 내 수요에 영향을 주는 걸 '네트워크 효과'라고 해요. 이 효과는 플랫폼 비즈니스에서 중요한 역할을 하죠. 그래서 네트워크 효과를 유도하는 곳도 있어요.

플랫폼 비즈니스의 또 다른 사례를 하나 볼게요. 결혼할 상대를 찾아 주는 결혼 정보 회사. 자신이 원하는 상대를 검증된 방법으로 찾을 수 있다는 장점으로 결혼 정보 회사를 찾는 사람들이 많아지는 추세라고 하더라고요. 가입 조건과 비용이 정해진 곳도 있지만, 가입하는 사람에 따라 비용이 달라지는 결혼 정보 회사도 있다고 합니다. 이성에게 인기가 많은 조건을 갖춘 사람은 가입비가 공짜인 경우도 있다고 해요. 왜 그럴까요? 결혼 정보 회사 입장에서 그들은 좋은 상품이 되거든요! 그 회사에 매력적인 이성이 많다는 소문이 나면, 가입하려고 오는 고객들이 많아지겠죠? 그럼, 그들에게 가입비를 받으면 되는 거예요. 매력적인 사람은 공짜로라도 가입시키는 게 그들에게 유리한 겁니다. 신문 회사가 구독자 수를 늘려서 간접적으로 광고주에게 네트워크 효과를 유도했다면, 결혼 정보 회사에서는 같은 소비자 관계 사이의 네트워크 효과를 유도한 거예요.

일반 시장에서의 구글 vs 플랫폼 비즈니스에서 구글

신문, 결혼 정보 회사의 공통점은 플랫폼 비즈니스란 거겠죠? 이제 구글로 돌아와 볼게요. 구글 역시 일반적인 물품을 판매하는 기업이라기보다는 플랫폼 비즈니스라고 볼 수 있지 않나요? 구글, 유튜브에서 검색하기도 하지만 추천해 주는 영상을 클릭하게 되기도 하고, 광고 문구를 보게 되기도 합니다. 이때 우린 소비자이자 상품이 되기도 하는 겁니다. 광고주들은 구글을 이용하는 우리를 보고 구글에 광고를 넣을 테니까요.

장 티롤은 시장의 독과점 문제에 대해 정부가 어떻게 접근해야 하는지 연구했어요. 그는 플랫폼 비즈니스에서 가격이 형성되는 원리가 일반적인 상품 시장과 다르다는 점을 강조하며, 이런 다면적 시장에서 올바른 가격을 책정하기가 매우 어렵다고 봤습니다. 그리고 이를 근거로 정부가 플랫폼 비즈니스 기업에 대해서 규제를 강하게 한다던가 일반 시장과 같은 기준으로 불법성을 판단하면 안 된다고 했죠. 그는 새로운 규제 논의의 장을 열었으며, 이를 개선하는 데 기여한 공로로[87] 2014년 노벨 경제학상을 수상했습니다.

이젠 구글도 경쟁하지 않을까?

간혹 구글이 완전한 독점력을 장악하려고 현재 일부러 무료 수준의 낮은 가격으로 소비자들에게 서비스를 제공하고 있다고 생각하는 이들도 있어요. 일반적인 상품 시장에서는 규모가 큰

87. Rochet, J. C., & Tirole, J. (2003). Platform competition in two-sided markets. Journal of The European Economic Association, 1(4), 990–1029.

기업이 처음에 일부러 낮은 가격으로 팔아서 경쟁 기업들을 시장에서 쫓아낸 다음에 다시 가격을 올리는 '약탈 가격 정책'을 실시하기도 하거든요. 하지만 플랫폼 비즈니스를 하는 기업은 굳이 이런 약탈 가격 정책을 시행할 필요가 있을까요?

티롤은 플랫폼 비즈니스 기업의 낮은 가격 책정은 약탈 가격이 아니라고 판단해요. 기업이 자신의 이익을 위해서 매긴 가격이란 겁니다. 구글은 소비자에게 무료, 혹은 저렴한 가격으로 서비스를 제공하고도 높은 이득을 챙길 수 있으니까요. 가격에 의한 소비자 피해가 발생하진 않아도, 하나의 플랫폼 사업 기업이 지나치게 커지면 소비자의 선택권이 줄어들 수 있다는 우려의 목소리가 있긴 해요. 티롤은 그의 연구에서 이에 대한 해결책은 제시하지 않았어요. 하지만 최근 들어서 AI 시장이 커지면서, 검색 엔진 대신 오픈 AI의 챗지피티를 비롯한 다양한 AI를 활용하는 사람들도 많아졌죠. 구글에서도 이에 뒤질세라 제미나이를 내놓기도 했고요. 하루가 멀다 하고 기술 혁신이 일어나는 지금, 독점 규제보다는 혁신을 통한 신성장 동력을 키워 주면 어떨까 싶어요. 이젠 규모가 작아도, 아이디어가 있으면 발달된 AI와 함께 금세 자신의 아이디어를 구현해 낼 수 있는 세상이 되었으니까요.

3 은행이 멈추는 날

벤 버냉키(Ben S. Bernanke, 1953~)
더글러스 다이아몬드(Douglas W. Diamond, 1953~)
필립 딥비그(Philip H. Dybvig, 1955~)
2022년 노벨 경제학상 공동 수상
금융 위기 이론, 금융 안전성의 신뢰

Q

예금을 하나 들어볼까 하고 이것저것 알아보던 중이었어요. 그러다 '뱅크런'이라는 개념을 알게 됐죠. 사람들이 한꺼번에 돈을 찾아가면 은행이 휘청일 수 있다는 이야기였습니다. 최근 미국에서 뱅크런이 일어난 적이 있다고 하더라고요. 은행이니까 믿고 돈을 맡겼는데, 상황에 따라서는 돈을 제때 돌려받지 못할 수도 있다니 조금 불안해졌어요. 그래서 더 찾아보던 중, 2025년 9월부터 예금자보호제도 한도가 기존 5천만 원에서 1억 원으로 상향되었다는 뉴스를 보게 됐습니다. 예금자보호제도란 무엇이고, 정부는 왜 이 한도를 높이기로 한 건가요?

영화 〈메리 포핀스Mary Poppins〉에 보면 어린 꼬마가 은행에서 자신의 돈을 돌려달라고 외치는 장면이 있어요. 은행원 아버지가 아들의 용돈을 저축하게 하려고 한 건데, 그 꼬마는 돈을 빼앗긴다고 생각하고, "내 돈을 돌려줘요!"라고 외친 거예요. 그런데 그 외침을 들은 여러 어른들이 은행에 문제가 생겼다고 생각하고, 너도나도 예금을 찾으려고 모여듭니다. 당황한 은행은 지급을 중단한다며 문을 닫아 버리는 일이 발생하고요. 이처럼 돈을 못 찾을까봐 불안해진 고객들이 한꺼번에 돈을 인출하려고 금융기관에 몰려드는 걸 '뱅크런Bank Run'이라고 해요.

은행은 원래 예금액 일부만 남겨둬

정기 예금이라고 해도 이자만 포기하면 만기 전에 언제든지 찾을 수 있는 건데, 뭐가 문제일까요? 고객이 맡긴 돈을 은행에서 모두 보관하고 있다면 문제 되지 않을 거예요. 그런데 은행은 예금한 금액의 일부만 남기고 나머지는 대출을 해 주거나, 다른 금융 상품에 투자합니다. 돈이 필요한 사람이나 기업에게 대출을 해 주면 그에 대한 대가로 이자를 받는데, 예금 이자보다 더 많이 받아서 그 차액만큼 은행이 수익을 냅니다. 다른 금융 상품에 투자해서 수익을 내기도 하고요. 은행은 이렇게 창출한 수익으로 예금 이자를 줄 수 있는 거예요.

은행에서는 예금액을 전부 보유하고 있기보다는 대출이나 투자를 하는 게 이득이니까 가능한 적게 보유하고 있고 싶을 거예요. 하지만 지나치게 적게 보유하면 예금을 찾으려 할 때 지급을 못 하는 문제가 생길 수 있느니, 국가에서는 일정 비율 이상[88]의 돈을 보유하도록 정해두었어요. 이를 '부분지급준비제도Fractional Reserve Banking'라고 하죠. 평상시에는 이 정도만 가지고 있어도 예금을 인출하려는 고객들에게 돈을 지급하는 데 문제가 발생하지는 않아요. 고객들이 한꺼번에 예금을 찾으러 오는 일은 거의 일어나지 않기 때문입니다. 그런데 어떤 이유에서든 여러 사람들이 은행이 불안하다고 생각해서 예금을 찾으려고 몰려드는 뱅크런이 발생하면, 은행이 힘들어지고 파산할 수도 있어요. 실제로 부실한 은행이 아니라고 해도요.

88. 2024년 기준 우리나라의 경우 0~7%; 장기 주택 마련 저축 0%, 정기 예금과 정기 적금 등은 2%, 수시 입출금식 예금은 7%.

6장 국가의 역할을 제시한 경제학자들

뱅크런은 전염성이 강해

은행에서 예금 인출 요구에 대해 지급할 금액이 일시적으로 부족하면, 다른 은행에서 빌려올 수도 있고 중앙은행에서 빌려올 수 있어요. 한두 은행에서만 발생하면 아주 큰 문제는 아닙니다. 그런데 뱅크런은 보통 전염성이 강하다는 특징이 있어요.[89] 한 은행에 뱅크런이 발생하면 다른 은행들에도 고객들이 몰려드는 경우가 많다는 거예요. 실제로 2011년 부산저축은행부터 시작된 뱅크런이 다른 은행들로도 번져 결국 2012년 은행 10여 곳이 파산한 사례가 있었어요. 특정 은행의 예금 지불 능력에 대한 불안감으로 시작된 예금 인출 러시는 그 은행에서 멈추지 않고 다른 은행까지 동시다발적으로 번지게 되는 거죠.

이제는요, 뱅크런이 발생하면 단 몇 시간 만에 은행이 파산할 수도 있어요. 예전엔 은행 창구에 가서 돈을 찾으려고 했지만, 이젠 모바일 뱅킹으로 순식간에 찾으니 말이죠. 2023년 미국 실리콘밸리 은행이 실제로 그랬답니다. 실리콘밸리 은행의 경우, 고객들의 예금을 만기가 긴 채권에 투자했다가 단기적으로 손실이 났어요. 만기까지 기다리면 원금과 이자가 보장되니 평소였다면 문제가 되지 않았을 거예요. 하지만 손실이 난 상태

89. Diamond, D. W., & Dybvig, P. H. (1983). Bank runs, deposit insurance, and liquidity. Journal of Political Economy, 91(3), 401–419.

에서 갑자기 고객들이 돈을 한 번에 찾아갔어요. 결국 실리콘밸리 은행은 파산하고 말았죠. 은행에 대한 불신의 확산을 방치하게 되면 금융 시스템 전체에 부정적인 영향을 미치게 되고, 결국 금융 위기와 함께 경제에 장기 불안을 가져올 수도 있게 되는 거예요.[90]

은행과 금융 위기, 우리가 살린다 3인방

2022년엔 '은행과 금융 위기'에 대해 오랜 기간 연구한 세 명의 경제학자가 노벨 경제학상을 받았어요. 벤 버냉키Ben S. Bernanke, 더글러스 다이아몬드Douglas W. Diamond, 필립 딥비그Philip H. Dybvig가 그 주인공입니다. 노벨 위원회는 은행과 금융 위기에 관한 연구를 통해 경제학 발전에 기여했다는 점을 선정 이유로 밝혔습니다.

다이아몬드와 딥비그는 실제로 은행이 부실하지 않더라도, 은행에 대한 신뢰가 무너지면 뱅크런이 발생할 수 있으며, 예금 보험이 이러한 위험을 예방하는 데 효과적임을 보여 주었습니다. 버냉키는 뱅크런이 경제 위기를 심화시키는 실증적 메커니즘을 밝혀냈어요. 은행 파산은 단순한 경기 침체의 결과가 아니

90. Bernanke, B. S. (1983). Non-monetary effects of the financial crisis in the propagation of the great depression (No. w1054). National Bureau of Economic Research.

라, 신용 공급 채널을 파괴하고 대출 관계를 단절시켜 실물 경제 침체를 심화시키는 핵심 원인이었다는 점을 밝혀낸 거죠.

세 경제학자는 평소 금융 시스템을 건전하게 유지하고, 신뢰를 잃지 않도록 하는 게 중요하다고 말합니다. 중앙은행과 정부가 금융 시스템의 건전성을 방어할 것이라는 확신을 주는 게 혹시 모를 금융 위기를 미연에 방지하는 가장 강력한 대응책이란 얘기겠지요. 따라서 금융시장에 대한 불신을 막는 게 가장 중요할 거예요. 이를 위해 여러 나라에서 예금자보호제도를 운영 중이죠.

신뢰가 무너지면 금융 시스템이 무너져

우리나라에서도 예금자보호제도를 두고 있어요. 은행이 파산하더라도 원금과 이자를 합해서 한 사람당 1억 원까지는 나라에서 보장해 주고 있습니다. 이렇게 해서 은행에 대한 불신으로 자신의 예금을 찾지 못 할까 봐 대규모로 예금을 인출하고자 몰려드는 걸 방지하는 것입니다.

은행이 파산하면, 은행을 대신해서 예금보험공사라는 곳에서 대신 돈을 지급해 줘요. 평소에 은행들이 예금보험공사에 보험료를 내고요, 특정 은행이 예금액을 고객에게 지급할 수 없게 되면 예금보험공사가 보험금을 지급하는 거예요. 은행이 파산하고 2개월 내에 지급하게 되어 있어요. 미국도 물론 예금자

보호제도가 있고, 25만 달러, 약 3억 원까지 보호가 돼요. 그런데 2023년 실리콘밸리 은행은 왜 뱅크런이 일어난 건지 의아한가요? 이 경우, 주 고객이 대부분 기업이었기에 정부에서 보호해주는 한도를 넘어서서 문제가 되었던 거랍니다.

4 위기를 만드는 환투기를 막아라

제임스 토빈(James Tobin, 1918~2002)
1981년 노벨 경제학상 수상
토빈세와 자본 통제, 닉슨 쇼크, 환투기

Q

영화 〈국가 부도의 날〉을 봤어요. 우리나라 외환 위기를 다룬 거더라고요. 주인공이 돈을 어마어마하게 버는데, 어찌 보면 똑똑하지만 참 몹쓸 방법이란 생각이 들더군요. 우리나라가 경제 상황이 좋지 못한 걸 눈치채고, 원화 가치가 떨어질 걸 예상해서 달러를 엄청 많이 사들이거든요. 어마어마한 이득을 보죠. 이런 사람이 많아지면, 우리 경제 상황이 나쁠 때 상황을 악화시키는 게 아닐까요?

영화 〈국가부도의 날〉은 1997년 말 외환 위기 상황을 잘 보여 주죠. 당시 1달러에 800원 하던 환율이 몇 달 사이 1달러에 2,000원으로 치솟았었어요. 달러의 가치는 오르고, 원화의 가치는 상대적으로 내려간 건데요. 당시 우리나라 기업들이 외국에서 빌려온 돈(달러)을 갚을 때가 되었는데, 돈을 갚지 못하는 상황이 되면서 문제가 생긴 거였어요. 이런 상황을 파악한 〈국가부도의 날〉의 주인공은 미리 달러를 사들였고요.

외국 빚을 갚으려면 달러나 금이 필요하니까, 외환 위기 때는 국가 차원에서 금 모으기 운동을 벌이기도 했습니다. 가지고 있던 금반지 등을 가져오면 돈으로 바꿔 주는 거였어요. 달러가 부족해서 기업들이 빚을 갚지 못하는 상황인데, 주인공들이 달러를 마구 사들였으니 상황을 악화시킨 게 맞습니다. 개인의 이득만 생각하며 나라에는 피해가 되는 행동을 한 셈입니다.

영화의 주인공처럼 환율의 변동을 예측해서 돈을 버는 사람들이 있어요. 이런 걸 환율 변동에 따른 이익을 노린 투기라고 해서 '환투기'라고 불러요. 환투기 자금이 대거 이동하면 세계 금융시장은 변동성이 커지고 불안해져요. 환투기를 적절히 막는 게 필요하니, 환투기 자금에 대해 세금을 매기자고 주장한

6장 국가의 역할을 제시한 경제학자들

경제학자가 있어요. 바로 제임스 토빈James Tobin[91]입니다.

닉슨 쇼크, 고정환율제가 깨지다

요즘은 매일 환율이 바뀝니다. 엔화에 대한 환율, 유로에 대한 환율도 찾아 볼 수 있고 매일 바뀌죠. 그런데요, 이렇게 매일 환율이 바뀌기 시작한 건 1971년 이후인 거 아셨나요? 1971년까지는 환율을 정해놨었어요. 제2차 세계대전이 끝날 무렵인 1944년 세계의 각국 정상들이 미국의 브레튼우즈라는 지역에 모여서 미국 달러를 중심으로 한 세계 질서를 만듭니다. 무역할 때 미국 달러만 쓰자고 하면서, 금 1온스와 35달러를 언제나 바꿔 주겠다고 약속해요. 미국 달러 가치는 금에 고정하고 각국의 돈은 미국 달러에 고정한 거죠. 달러가 기축통화가 된 겁니다.

10달러짜리 지폐를 생각해 보세요. 그저 종이일 뿐 그 자체로 가치가 있는 건 아니잖아요? 그러니 신뢰를 주기 위해서 언제든 일정한 비율로 금과 바꿔 주겠다고 미국이란 나라를 걸고 약속한 거예요. 이 약속을 지키려면, 미국이 보유하고 있는 금의 양 내에서 달러를 찍어야 하는데요. 1960년대 들어 미국이 베트남 전쟁에도 참여하는 등 돈 쓸 일이 참 많아졌어요. 그래서 보유한 금보

91. Tobin, J. (1969). A general equilibrium approach to monetary theory. Journal of Money, Credit and Banking, 1(1), 15–29.

다 많은 달러를 찍은 겁니다. 이런 낌새를 눈치챈 프랑스 등 여러 국가에서 대규모의 달러를 가져가서 금으로 바꿔 달라고 요청합니다. 금이 모자랐던 미국, 어떻게 했을까요? 1971년 미국 대통령이었던 리처드 닉슨Richard Nixon은 달러를 금으로 못 바꿔준다고 선언해요. 이를 닉슨 쇼크라고 하는데요, 이후부터 달러 가치가 금에 고정되지 않게 돼요.

기축통화국은 세계 경제를 주도할 수 있다는 장점이 있지만 고충도 있어요. 전 세계가 달러를 쓰려면 신뢰할 수 있어야 하고, 달러 공급도 풍부해야 하는데요. 두 가지를 동시에 만족시키기가 어렵기 때문이죠. 미국에 적자가 지속된다고 해 보세요. 이 적자는 다른 나라로부터 상품을 많이 수입하고 수출은 적게 해서 발생한 적자입니다. 그럼 다른 나라로 달러가 많이 돌겠죠? 다른 나라 입장에서 달러 공급은 충분해지지만, 달러를 발행하는 기축통화국인 미국이 계속 적자를 내니까 미국에 대한 신뢰가 낮아지고 이는 달러에 대한 신뢰가 깨지는 일로 이어질 수 있어요.

반대로 미국이 무역 흑자를 내면 달러가 자꾸 미국으로 흘러 들어가서 다른 나라에서 달러가 귀해집니다. 예를 들어 베트남과 인도에게 무역할 때 달러를 쓰라고 하면서, 정작 미국이 달러를 부족하게 만들면 안 되는 거죠. 이런 예시처럼 달러 가치에 대한 신뢰와 충분한 공급을 통한 유동성 확보가 동시에 이루어

지기 힘들단 걸 미국의 경제학자 로버트 트리핀Robert Triffin이
가장 먼저 얘기해서, '트리핀의 딜레마'라고도 부릅니다. 이 딜레
마가 심해지면 경제 위기의 요인이 될 수 있어요. 닉슨 쇼크처럼
쇼크가 올 수 있는 거죠.

환차익을 노리는 환투기 막으려면, 세금을 매깁시다!

종합해 보면 '달러를 사려는 사람이 많아지면 달러의 가치가
높아지고, 반대로 사려는 사람이 적고 팔려는 사람이 많으면 가
치가 떨어진다.' 이게 요즘의 환율이 정해지는 원리입니다. 생각
해 보세요. 1971년까지는 환율을 고정해 두었으니 이런 일이 생
기지 않았지만, 변하지 않던 환율이 갑자기 변하기 시작하니 돈
에 밝은 사람들은 여기서 돈을 벌 기회를 노리게 되었습니다.
1972년부터 환율 변동에 따른 이익을 노린 국제 자본 이동 규모
가 커져서 국제 통화 체제를 흔들기 시작한 겁니다. 환율 안정을
위해서는 자본이 해외로 빠져나가거나 들어오지 못하게 이동을
통제해야 하는 정책을 써야 했습니다.

당시 닉슨 대통령의 경제 자문을 맡고 있던 젊은 경제학
자 제임스 토빈. 이런 상황을 지켜보다가 1978년, 환율 거래에
0.05~0.2% 정도의 세금을 매기면 환투기가 줄어들 거라고 주장
했죠. 그러면 환율의 급격한 변동과 국제 통화 위기를 방지할 수
있고, 벌어들인 세금으로는 가난한 나라를 지원하거나 환경문제

등의 재원으로 활용할 수 있다고요. 그가 주장한 국제 환율 거래에 대한 세금을 '토빈세'라고 부릅니다.

잊힌 듯 빛난 이름, 제임스 토빈과 그의 이론

제임스 토빈은 1981년, 금융시장 분석에 공헌한 업적을 인정받아 노벨 경제학상을 받아요. 자산을 관리할 때, 수익률뿐만 아니라 위험Risk도 고려해야 한다는 점을 수학적으로 공식화하면서, '계란을 한 바구니에 담지 말라'는 포트폴리오Portfolio 원칙을 만든 게 토빈이에요. 포트폴리오 이론은 현대 금융 이론의 기초가 되었어요.

토빈이 노벨 경제학상을 받을 당시 미국은 로널드 레이건Ronald Reagan 대통령이, 영국은 마가렛 대처Margaet Thatcher 총리가 집권하던 시기인데요. 당시엔 국가가 경제에 개입하는 것을 최소한으로 해야 한다는 자유주의적 경제 이론이 대세였어요. 가능한 규제는 없애고, 세금도 줄여야 한다는 사람들이 많았기에 토빈세같은 규제에 대한 그의 이론은 역사의 무대 뒤로 잊혀져 가던 시기였죠. 노벨 경제학상을 받으러 가서도 그는 어쩌면 외로웠을지 모릅니다.

5

인센티브가 부정적인 영향을 끼칠 수 있다고?

벵트 홀름스트룀(Bengt R. Holmström, 1949~)
2016년 노벨 경제학상 수상
인센티브 설계

Q

요즘 OTT로 변호사가 주인공인 드라마 〈굿 파트너〉를 보고 있는데요. 한 장면에서 능력 있는 경력 변호사가 신인 변호사를 불러서 한마디 하더라고요. "상담은 딱 3회까지만 하세요. 상담이 길어질수록 변호사 감정만 소모됩니다." 그 대사를 듣고 가슴이 탁 막히는 기분이 들었어요. 승소하는 사건이 많아야 돈을 더 많이 벌 수 있는 거니까 이해는 됩니다. 하지만 한편으로는 어떤 결정이든 의뢰인의 이야기를 충분히 듣고 결정하게 해야 하는 게 아닐까, 그것도 변호사의 큰 역할 아닌가 하는 생각이 들었거든요. 사람은 자신의 이익에 따라 움직이기에 어쩔 수 없는 걸까요?

저도 드라마 〈굿 파트너〉 재밌게 봤고, 그 장면도 기억나요. 의뢰인이 변호사에게 사건을 수임했을 땐, 자신의 억울함을 들어 주었으면 하는 마음도 컸을 텐데 상담 횟수와 시간을 제한하는 게 차갑게 느껴지더라고요. 의뢰인이 바라는 것과 변호사가 바라는 게 다르면 이런 문제가 생길 수 있어요. 의뢰인 입장에서는 자신의 사건에 충분히 공감해 주고 해결해 주길 바라지만, 변호사 입장에선 여러 사건을 맡고 있고, 상담을 길게 하는 게 효율적인 일 처리가 아닙니다. 사건 수임 개수, 승소 등이 쌓여야 커리어에도, 연봉에도 도움이 되고요. 한마디로 '측정 가능한 성과'가 있는 일에 집중해야, 그에 대한 보상을 받을 수 있단 뜻이죠. 경제학에선 이 보상을 '인센티브'라고 부릅니다.

회사 사장과 직원 사이에도 비슷한 문제가 생깁니다. 사장은 직원이 열심히 일해서 회사의 이익이 커지길 원하지만, 직원들은 적게 노력하면서 높은 임금을 받고 싶죠. 2016년 노벨 경제학상을 수상한 벵트 홀름스트룀Bengt R. Holmström은 이런 문제를 주인-대리인 문제라고 부르며, 해결 방안을 연구해요.

은행 직원이 고객 몰래 계좌와 신용카드를 만든 이유는?

주인-대리인, 즉 사장-직원 관계에서, 사장은 직원이 얼마나 열심히 노력했는지 직접 볼 수 없고 단지 일의 성과만 볼 수 있죠. 그럼, 회사의 이익을 높이고 싶은 사장이 성과를 잘 낸 직원에게 높은 임금을 주고 그렇지 못한 직원은 임금을 깎겠다고 하면 효율적일까요?

미국의 '웰스 파고Wells Fargo' 은행은 이 가정을 직접 적용했어요. 직원들에게 비현실적으로 높은 판매 목표를 주고, 목표를 달성하면 보너스와 승진의 기회를 주었죠. 목표는 고객 한 명당 평균 8개의 상품을 판매하란 거였어요. 예금하고 있는 고객한테 신용카드를 만들게 하거나, 다른 금융 상품을 팔아 수익을 늘리란 거죠. 그리고 목표를 달성하지 못하면 해고하거나 심한 압박을 주었어요.

그러자 수많은 직원들이 인센티브를 받기 위해, 또 과도한 실적 압박에서 벗어나기 위해 부정행위를 저질렀습니다. 고객의 동의 없이 몰래 이른바 '가짜 계좌'를 만들거나 금융 상품을 가입시킨 거죠. 은행 직원이라는 지위를 이용해 고객의 이름과 생년월일 등 개인정보를 알아내고, 그 정보를 사용해 고객도 모르는 사이에 새로운 저축 계좌나 신용카드, 대출 계좌까지 개설한 거예요. 그 결과, 실적은 올라갔지만 신뢰는 무너졌습니다. 새로 개설된 계좌나 카드에는 수수료가 부과되었죠. 직원들은 목표를 채우기 위해 고객의 돈을 동의 없이 새로운 계좌로 이체하는 일까지 했습니다. 결국 2016년 '웰스 파고 스캔들'이라는 이름으로 사건이 세상에 알려졌어요. 200만 개가 넘는 가짜 계좌와 신용카드가 개설된 것으로 확인되었고, 이후 조사에서 그 수가 더욱 늘어났다고 합니다.[92] 이 사례는 인센티브가 과도하거나 잘못 설계될 때 어떤 비윤리적 행동이 초래되는지 보여줍니다.

교사들이 대규모로 학생 답안지를 고친 이유는?

학교 교사들이 대규모로 학생들의 답안지를 수정하는 장면, 상상되나요? 2000년대, 미국 조지아주에선 학생들의 교과 학습을 충실히 시키고자 하는 마음으로, 높은 시험 점수 향상을 달성한 학교와 교사들에게 높은 성과급을 주기로 합니다. 반대로 성과 목표에 달성하지 못한 교사들에게는 부정적인 평가나 해고와 같은 심각한 불이익을 주었다고 해요. 그 결과 2009년 조지아주 애틀랜타 여러 교사들이 부정행위를 저지르고 말았어요. 시험이 끝난 후 선생님들이 학생들의 답안지에서 오답을 지우고 정답으로 바꿔 기입하거나, 시험 전에 시험지를 빼돌려 학생들에게 미리 알려 주기도 했죠. 56개 학교 중 44개 학교에서 부정행위가 있었다니 엄청난 겁니다. 교사들은 학생들의 태도, 인성, 사회성, 교과 학습 등 다양한 걸 교육하는데, 성적에만 성과급을 주니 그에만 너무 집착하게 될 수밖에 없었죠.[93] 조지아 주의 '성적을 올린 교사에 대한 상금', 웰스파고의 성과급제도 두 사건 모두 인

---

92. The Guardian(2019. 1. 4), Wells Fargo employees say little has changed since fake accounts scandal.

93. The Guardian(2015. 4. 1), Georgia cheating scandal.

6장 국가의 역할을 제시한 경제학자들

센티브가 과도하거나 잘못 설계될 때 어떤 비윤리적 행동이 초래되는지 보여줍니다.

인센티브 설계, 대체 어떻게?

무조건 노력한 만큼 바로 성과가 나오는 건 아닙니다. 운이나 환경이 나쁠 때 성과가 깎이는 위험을 부담해야 하지요. 홀름스트룀은 지나치게 큰 인센티브와 페널티가 주어지는 건 바람직하지 않다고 말해요. 홀름스트룀은 인센티브 설계에 대해 몇 가지 원칙을 제시합니다.

> 첫째, 상대적 성과 평가가 필요하다.
> 둘째, 중요하지만 측정하기 어려운 일을 시키려면,
> 측정하기 쉬운 일엔 성과급을 주면 안 된다.

첫 번째는 다른 회사의 성과나 다른 직원들의 성과를 비교해서 상대적으로 평가해야 한단 거예요.[94] 시장 전체의 매출이 급격히 떨어졌는데, 우리 회사 영업 직원 A의 매출도 같이 떨어졌다면, 이는 직원 A가 게을러서가 아닐 수 있는 거죠.

94. Holmstrom, B. (1982). Moral hazard in teams. The Bell journal of Economics, 324–340.

두 번째는 직원이 여러 가지 일Multitasking을 할 때, 단순하게 한 가지 일에 대해 적용되는 성과급은 오히려 큰 문제를 일으킬 수 있다는 거예요.[95] 회사가 중요하게 생각하는 일 중에는 측정하기 매우 어려운 게 있어요. 제품 품질, 평판 등이 이에 해당될 겁니다. 반면에 생산량, 판매량 등은 측정하기가 쉽죠. 보통 성과급은 측정하기 쉬운 일에 지급되기가 쉬워요. 그러면 직원들은 측정하기 쉬운 일에만 집중하게 되고, 아닌 일은 소홀히 하게 되는 문제가 발생한다는 겁니다. 인센티브가 좋은 영향을 주기도 하지만, 잘못 설계되면 큰 문제를 낳기도 한다는 거예요. 웰스파고의 직원들, 조지아주의 교사들이 그랬던 것처럼요.

인정받는 건 돈이 아니어도 돼!

예시를 하나 들어볼게요. 교사들에게 학생들의 성적이 오른 것에 대한 인센티브를 강하게 준다고 해봅시다. 그럼 교사들은 성적에만 집착하게 되어 "이건 시험에 안 나오니까 보지마. 넘어가!"라는 식의 시험 맞춤형 교육만 하게 될 가능성이 커요. 성적에 대한 인센티브를 없애면 오히려 학생들과의 관계, 창의성, 교과의 핵심 내용에 집중하는 등 다양한 교육에 신경을 더

95. Holmstrom, B., & Milgrom, P. (1991). Multitask principal-agent analyses: Incentive contracts, asset ownership, and job design. The Journal of Law, Economics, and Organization, 7(special_issue), 24–52.

쓸 수 있겠죠. 시험으로 측정하긴 힘들지만, 토론을 통해 심도 있는 대화를 하며 사고력을 키울 수도 있을 거고요. 인센티브를 없애는 게, 측정되기 힘든 중요한 일 쪽으로 관심을 돌리게 하는 간접적인 방법이 될 수도 있는 겁니다. 그리고 사람들은 누구나 자신이 하는 일에 대해 인정받고 싶어 하는데요, 그게 꼭 돈이 아니어도 됩니다. 어떻게 행동하는 걸 바란다고 명확히 전달하는 것도 도움이 돼요. 그에 맞추어 행동할 때, 승진이나 미래 보상에 대한 기대가 생길 수 있거든요. 그 자체가 강력한 동기가 된다는 겁니다.

홀름스트룀, 코브라 효과를 없애다

홀름스트룀은 2016년 계약 이론Contract Theory에 기여한 공로로 노벨 경제학상을 수상해요. 노벨 위원회는 특히 주인-대리인 문제 해결을 위해 어떻게 인센티브를 설계해야 하는지 보여준 걸 높이 평가했어요. '코브라 효과'를 없앨 수 있는 기여를 했다고요.

코브라 효과는 잘못된 인센티브의 전형적인 사례입니다. 영국이 인도를 지배하던 시절, 델리시에 코브라가 엄청 많이 나타났대요. 그래서 영국 정부는 델리시의 시민들에게 코브라 사체를 가져오면 포상금을 준다고 했죠. 처음엔 코브라 숫자가 줄어드는 듯했지만 다시 늘었어요. 돈을 받으려고 코브라를 키우는 사람들이 생긴 거였죠. 그래서 포상금을 없애자, 키우던 코브라를 사람들이 버려서 이전보다 더 많이 늘어나게 됐습니다. 홀름스트룀은 회사나 국가가 인센티브와 다양한 규칙을 함께 결합해서 복잡한 인센티브 시스템을 만들 수 있고, 좋은 결과로 이어질 수 있다고 했어요. 하지만 모든 걸 인센티브만으로 해결하려고 하면 안 되고, 지나치게 강한 인센티브와 페널티는 지양해야 한다고 했죠. 특히 다양한 업무를 하고 있는 경우, 특정한 일에만 인센티브가 부여될 때 생기는 문제점도 꼭 고려해야 하고요. 눈에 보이는 성과에 대한 인센티브가 지나치면, 그 일에만 집중하면서 다른 일은 소홀히 될 가능성이 크다는 거죠. 또, 페널티가 주어지면 운에 따른 위험 부담을 지게 되므로 이는 막아야 하고요.

초판 1쇄 발행 2026년 1월 26일

지은이 김나영

펴낸이 김남전
편집장 유다형 | 기획·편집 이경은 김성윤 김선경 | 디자인 양란희
마케팅 정상원 한웅 정용민 김건우 | 경영관리 김경미

펴낸곳 ㈜가나문화콘텐츠 | 출판 등록 2002년 2월 15일 제10-2308호
주소 경기도 고양시 덕양구 호원길 3-2
전화 02-717-5494(편집부) 02-332-7755(관리부) | 팩스 02-324-9944
홈페이지 ganapub.com | 인스타그램 instagram.com/ganapub1
페이스북 facebook.com/ganapub1

ISBN 979-11-6809-228-0 (03320)

가나출판사는 당신의 소중한 투고 원고를 기다립니다. 책 출간에 대한 기획이나 원고가 있으신 분은 이메일 ganapub@naver.com으로 보내 주세요.